DR. OETKER
GERICHTE UNTER
10,-

DR. OETKER
GERICHTE UNTER
10,-

[c] CERES

Gemischter Kohl-Eintopf

Für 4 Personen (Foto)

700 g Blumenkohl	von Blättern, schlechten Stellen und Strunk befreien, einige Zeit in kaltes Wasser legen, abtropfen lassen und den Blumenkohl in Röschen teilen
400 g Rosenkohl	am Strunk abschneiden und die beschädigten äußeren Blätter entfernen
350 g Wirsing	und
300 g Chinakohl	von den schlechten Blättern befreien, in kleine Stücke schneiden
100 g Butterschmalz	in einem breiten Topf erhitzen und den Blumenkohl 7 Minuten von allen Seiten anbraten, nach und nach Rosenkohl, Wirsing und Chinakohl dazugeben, weitere 10 Minuten schmoren lassen
1 Msp. Muskatnuß **2 EL Kümmel** **1 Lorbeerblatt** **1½ EL getrocknete Pfefferkörner** **2 EL gekörnte Brühe** **400 ml Wasser**	hinzugeben und bei geschlossenem Topf 20 Minuten bei kleiner Hitze fertigschmoren
100 g geriebenen Emmentaler	unter den Eintopf rühren und 5 Minuten ziehen lassen.

Schlesische Kartoffelsuppe

Für 4 Personen

1 Zwiebel	abziehen, würfeln
75 g durchwachsenen Speck	in Würfel schneiden
2–3 EL Pflanzenöl, z.B. von Biskin	erhitzen, Zwiebel und Speck darin andünsten
½ Sellerieknolle	schälen, waschen, in Würfel schneiden
1 Stange Lauch	gründlich waschen, in Scheiben schneiden (evtl. nochmals waschen)
500 g Kartoffeln	schälen, waschen, in Würfel schneiden das Gemüse zu der Speck-Zwiebel-Masse geben, mitdünsten lassen
1 l Wasser	hinzugießen
3 gestrichene EL Klare Instant-Fleischbrühe	unterrühren, zum Kochen bringen, gar kochen lassen
2 Paar Knoblauchwürste **2–3 Gewürzgurken**	die beiden Zutaten in Scheiben schneiden, kurz vor Beendigung der Garzeit in die Suppe geben, miterhitzen
Garzeit	etwa 35 Minuten.

Tomaten in Kräuter-Reis

Für 4 Personen *(Foto)*

1 Zwiebel	abziehen, würfeln
2 EL Pflanzenöl, z.B. von Biskin	erhitzen, die Zwiebelwürfel darin andünsten
250 g Langkorn-Reis	hinzufügen, unter Rühren durchdünsten lassen
500 ml (½ l) heiße Instant-Fleischbrühe	hinzugießen, zum Kochen bringen, etwa 15 Minuten quellen lassen
125 g Mozzarella	abtropfen lassen, in 6 Stücke schneiden
½ Becher (75 g) Kräuter-Crème fraîche **1 EL gemischten, gehackten Kräutern**	unter den Reis heben, mit
Salz frisch gemahlenem Pfeffer	abschmecken, den Kräuter-Reis in eine gefettete, große Pfanne geben, glattstreichen
8 mittelgroße Tomaten	waschen, abtrocknen, die Stengelansätze herausschneiden, die Tomaten quer halbieren, nebeneinander mit der Wölbung nach unten so in den Reis setzen, daß sie den Pfannenboden berühren
½ Becher (75 g) Kräuter-Crème-fraîche	mit
1 EL gemischten, gehackten Kräutern	verrühren
1–2 Knoblauchzehen	abziehen, durchpressen, unterrühren, mit
Kräutern der Provence Salz frisch gemahlenem Pfeffer	abschmecken, auf die Tomaten verteilen, den Käse dazu geben, etwas in die Creme drücken, die Pfanne mit einem Deckel bedecken, das Gericht etwa 15 Minuten dünsten lassen
Garzeit	etwa 35 Minuten.
Tip	Dazu servieren Sie einen trockenen Rotwein.

Gestockte Nudelnester

Für 2 Personen

	Ein Backblech mit Alufolie – blanke Seite nach oben – auslegen, mit
1 EL Pflanzenöl, z.B. von Biskin	einfetten, aus etwa
400 g gekochten Nudeln	auf dem Blech acht Nester mit Rand legen etwa
250 g gekochtes Gemüse	mit
150 g Wurstwürfeln	vermengen, in die Nester geben, in jedes Nest eins von
8 Eiern	geben, das Blech vorsichtig in den Backofen schieben
Ober-/Unterhitze	etwa 225 °C (vorgeheizt)
Heißluft	etwa 200 °C (nicht vorgeheizt)
Gas	etwa Stufe 5 (vorgeheizt)
Backzeit	etwa 15 Minuten.
Beilage	Tomaten-Salat.

Hörnchen-Salat

Für 4 Personen

125 g Hörnchen-Nudeln	in
1 l kochendes Salzwasser	geben, zum Kochen bringen, ab und zu umrühren, in etwa 10 Minuten gar kochen lassen, auf ein Sieb geben, mit kaltem Wasser übergießen, gut abtropfen lassen
100 g Mettwurst	enthäuten, halbieren, in Scheiben schneiden
½ Salatgurke	waschen, abtrocknen, halbieren, entkernen, in Scheiben schneiden
2 Tomaten	kurze Zeit in kochendes Wasser legen, nicht kochen lassen, in kaltem Wasser abschrecken, enthäuten, halbieren, entkernen, die Stengelansätze entfernen, die Tomaten in Würfel schneiden
2 Zwiebeln 100 g Emmentaler-Käse	in Streifen schneiden
½ Kopf Endiviensalat	putzen, in kleine Stücke zerpflücken, waschen, gut abtropfen lassen oder trockenschleudern.

Für die Salatsauce

4–5 EL Pflanzenöl, z.B. von Biskin	mit
2 EL Essig 2 EL Weißwein 1 TL Senf	verrühren, mit
Salz frisch gemahlenem Pfeffer Zucker Cayennepfeffer	abschmecken, mit den Salatzutaten vermengen, gut durchziehen lassen, den Salat evtl. mit Salz, Pfeffer, Zucker abschmecken, mit
1–2 EL gehacktem Dill	bestreuen.

Spaghetti carbonara

Für 2 Personen

250 g Spaghetti	in
3 l kochendes Salzwasser	geben
1 EL Pflanzenöl, z.B. von Biskin	hinzufügen, zum Kochen bringen, ab und zu umrühren, in etwa 8 Minuten bißfest kochen lassen die Spaghetti auf ein Sieb geben, mit kaltem Wasser übergießen, abtropfen lassen
150 g durchwachsenen Speck	in kleine Würfel schneiden
1 EL Butter	erhitzen, die Speckwürfel darin anbraten
2 Becher (je 150 g) Crème fraîche	unterrühren, aufkochen lassen, mit
Salz frisch gemahlenem Pfeffer geriebener Muskatnuß Speisewürze	abschmecken, die Spaghetti hinzufügen, unter Rühren erhitzen
1 EL gehackte Petersilie oder Basilikum	unterheben, nach Belieben mit
geriebenem Parmesan-Käse	bestreuen.

Römischer Nudelsalat

Für 2 Personen

150 g Makkaroni	in etwa 2 cm lange Stücke brechen, in
1½ l kochendes Salzwasser	geben
1 EL Speiseöl	hinzufügen, die Nudeln nach Packungsaufschrift garen wenn die Makkaroni gar sind, den Garvorgang mit einem Schuß kaltem Wasser beenden, die Nudeln auf ein Sieb geben, abtropfen, erkalten lassen
½ gebratenes Hähnchen	von Haut und Knochen befreien, das Fleisch in Stücke schneiden
etwa 300 g Staudensellerie	putzen, waschen, evtl. halbieren
200 g Dillgurken (aus dem Glas)	abtropfen lassen, evtl. halbieren, beide Zutaten in dünne Scheiben schneiden.

Für die Salatsauce

1 Becher (150 g) Crème fraîche	mit
2 EL Joghurt 2 EL Essig 2 EL Dillgurkenflüssigkeit 1–2 EL Weinbrand	verrühren, mit
Salz, Pfeffer Zucker	abschmecken, mit den Salatzutaten vermengen, gut durchziehen lassen, den Salat evtl. mit Salz, Pfeffer, Zucker abschmecken
3 EL gehackte Kräuter	unterheben.

Kartoffelpizza

Für 4 Personen (Foto)

750 g Kartoffeln	schälen, waschen, in dünne Scheiben schneiden, zum Trocknen eine Zeitlang auf Haushaltspapier legen
150 g durchwachsenen Speck	in kleine Würfel schneiden, auslassen, die Kartoffelscheiben hinzugeben, etwa 5 Minuten unter häufigem Wenden braten lassen
500 g Tomaten	waschen, abtrocknen, in Scheiben schneiden, mit den Kartoffelscheiben vermengen, beide Zutaten gleichmäßig auf einem gefetteten Backblech verteilen, mit
¼ TL gerebeltem Oregano 1 EL gehackter Petersilie Knoblauchsalz frisch gemahlenem Pfeffer	bestreuen, die Pizza mit
200 g Allgäuer Emmentaler	gleichmäßig belegen, das Backblech in den vorgeheizten Backofen schieben
Ober-/Unterhitze	200–225 °C (vorgeheizt)
Heißluft	180–200 °C (nicht vorgeheizt)
Gas	Stufe 4–5 (vorgeheizt)
Backzeit	etwa 25 Minuten.

Bunter Gemüseauflauf

Für 4 Personen (Titelfoto)

400 g Kartoffeln	in Scheiben schneiden
1 rote, 1 grüne Paprika	halbieren, entstielen, entkernen, die weißen Scheidewände entfernen, die Schoten waschen, in Stücke schneiden
1 Dose Mais (240 g)	abtropfen lassen
200 g Champignons	putzen, in Scheiben schneiden alle Zutaten vermischen, mit
Salz frisch gemahlenem Pfeffer	bestreuen, in eine Auflaufform füllen, mit
250 ml (¼ l) Schlagsahne 4 Eiern	verrühren, mit
Salz Pfeffer gerebeltem Basilikum	abschmecken
75 g geriebenen Gouda	unterrühren, über den Auflauf verteilen, die Form auf dem Rost in den Backofen schieben
Ober-/Unterhitze	180 °C (vorgeheizt)
Heißluft	160 °C (nicht vorgeheizt)
Gas	Stufe 4 (vorgeheizt)
Backzeit	etwa 45 Minuten vor dem Servieren 3 Eßlöffel Schnittlauchröllchen über den Auflauf streuen.
Tip	Dazu einen trocken Weißwein servieren.

Pfannkuchen mit Spinatfüllung

Für 4 Personen *(Foto)*

4 Eier	mit
400 ml Kondensmilch (12 % Fett)	
Salz	verschlagen
250 g Roggen- vollkornmehl	nach und nach hinzugeben
5 EL Pflanzenöl	in einer Pfanne erhitzen, den Teig portionsweise von beiden Seiten braten, anschließend warm stellen.

Für die Füllung

20 g Butter	erhitzen
1 Knoblauch- zehe	abziehen, zerdrücken
40 g Zwiebeln	abziehen, halbieren, fein würfeln, beide Zutaten andünsten
400 g frischen Spinat	verlesen, waschen, gut abtropfen lassen, zu der Zwiebel-Knoblauch-Masse geben, mit
geriebener Muskatnuß	würzen, zugedeckt etwa 6 Minuten dünsten lassen, dabei einmal kräftig umrühren, das Kochwasser abgießen.

Für die Sauce

100 ml Kondensmilch	mit einem Schneebesen aufschlagen, mit
¼ TL Senf	würzen
3 Blättchen Basilikum	abspülen, trockentupfen, fein hacken, in die Sauce geben
1 hartgekochtes Ei	hacken und über die Sauce geben

die Pfannkuchen mit je 1½ Eßlöffel Spinat füllen, zusammen-klappen, die Sauce getrennt dazu reichen.

Koteletts mit Champignon-Zwiebeln

Für 2 Personen

2 Koteletts	leicht klopfen, mit
Salz, Pfeffer Paprika edelsüß	bestreuen
30 g Pflanzen- fett, z.B. von Biskin	erhitzen, die Koteletts von beiden Seiten etwa 10 Minuten braten, warm stellen.

Für die Champignon-Zwiebeln

200 g Schalotten	abziehen, in
wenig Salzwasser	zum Kochen bringen, 8–10 Minuten kochen, abtropfen lassen
200 g kleine Champignons	putzen, waschen, mit den Zwie-beln in das Bratfett geben, mit
Salz, Pfeffer	würzen, zugedeckt 5–8 Minuten dünsten lassen
2 EL Weinbrand 2–3 EL Crème fraîche	unterrühren, mit Salz, Pfeffer, Paprika abschmecken, die Flüssigkeit etwas einkochen lassen das Gemüse mit der Sauce über die Koteletts geben, mit
1 EL gehackter Petersilie	bestreuen
Garzeit	25–30 Minuten.

Rindfleisch-Gemüse-Eintopf

Für 2 Personen *(Foto)*

250 g Rindfleisch (Hohe Rippe, ausgelöst)	mit
1 Lorbeerblatt 3 Wacholderbeeren 1 abgezogenen, halbierten Zwiebel	in 750 ml ($^3/_4$)Salzwasser etwa 70 Minuten kochen lassen
150 g Kohlrabi 150 g Sellerie 200 g Kartoffeln	schälen, waschen, in Würfel schneiden
$^1/_2$ Blumenkohl	von Blättern, schlechten Stellen und dem Strunk befreien, in Röschen teilen, waschen das vorbereitete Gemüse in der Brühe etwa 12 Minuten garen
2 Tomaten (150 g)	kurze Zeit in kochendes Wasser legen, nicht kochen lassen, in kaltem Wasser abschrecken, enthäuten, die Stengelansätze herausschneiden, das Fleisch in Würfel schneiden, Tomaten und Fleisch in den Eintopf geben, mit
Salz frisch gemahlenem Pfeffer	abschmecken
1 Bund Kerbel 1 Bund Basilikum	waschen, trockentupfen, die Blättchen von den Stengeln zupfen, fein hacken
1 Bund Schnittlauch	waschen, trockentupfen, fein schneiden, den Eintopf damit bestreuen.
Tip	Als Beilage Stangenweißbrot servieren.

Blumenkohl-Käse-Suppe

Für 2 Personen

375 g Blumenkohlröschen 125 g Kartoffeln in Würfeln Salzwasser	beide Zutaten in weichkochen, abgießen, die Brühe auffangen, den Blumenkohl und die Kartoffeln pürieren, von der Blumenkohl-Kartoffel-Brühe 250 ml ($^1/_4$ l) mit
125 ml ($^1/_8$ l) Milch 125 ml ($^1/_8$ l) heißer Fleischbrühe Salz frisch gemahlenem weißem Pfeffer geriebener Muskatnuß	aufkochen, mit würzen, die Suppe leicht cremig einkochen lassen
50 g Frischkäse	darin auflösen
25 g Krabben	in der Suppe erhitzen zum Schluß
feingehackte Petersilie	darübergeben.

Gemüse-Schinken-Pie

Für 4 Personen *(Foto)*

3 Scheiben tiefgefrorenen Blätterteig	nach Vorschrift auftauen lassen
200 g durchwachsenen Speck	in kleine Würfel schneiden
1 Zwiebel	abziehen, fein hacken
1 Glas Champignons (200 g)	abgießen, abtropfen lassen
150 g Lauch	putzen, waschen, in 1 cm breite Ringe schneiden
200 g Möhren	putzen, schälen, waschen, in Stifte schneiden
150 g Blumenkohl	von Blättern, schlechten Stellen und dem Strunk befreien, waschen, abtropfen lassen, in Röschen teilen
1 Bund Petersilie	abspülen, trockentupfen, die Blätter von den Stengeln zupfen, fein hacken
2 EL Pflanzenöl	in einem chinesischen Wok erhitzen, Speck darin goldgelb anbraten, Zwiebelwürfel hinzufügen, glasig dünsten Lauch, Möhren und Blumenkohlröschen dazugeben, gut andünsten, mit
6 EL Weißwein	aufgießen und zugedeckt in etwa 10 Minuten fast gar werden lassen Champignons hinzufügen, erhitzen, mit
250 ml (¼ l) Kondensmilch	aufgießen, Petersilie unterheben, mit
Salz	
frisch gemahlenem Pfeffer	abschmecken alles in eine Pie-Form (Durchmesser 27 cm) füllen, die Blätterteigscheiben aufeinanderlegen, etwas größer ausrollen als die Pie-Form, die Teigplatte über die Form legen, am Innenrand gut festdrücken
1 Eigelb	verquirlen, den Teigdeckel damit bestreichen, mit der Gabel einige Male einstechen den Gemüse-Pie auf dem Rost in den Backofen schieben
Ober-/Unterhitze	220 °C (vorgeheizt)
Heißluft	200 °C (nicht vorgeheizt)
Gas	Stufe 5 (vorgeheizt)
Backzeit	25 Minuten.

Kürbis-Reibekuchen

Für 4 Personen

500 g Kartoffeln	schälen, waschen
500 g Kürbis	schälen, die Kerne mit einem Löffel auskratzen beide Zutaten reiben, mit
Meersalz 2 Eiern 30 g Weizenvollkornmehl	verrühren etwas von
125 ml (⅛ l) Maiskeimöl	erhitzen, den Teig eßlöffelweise hineingeben, flach drücken, von beiden Seiten braun und knusprig backen.

Reis-Gemüse-Gratin

Für 4 Personen

250–300 g ungeschälten **Reis**	in
750 ml (³/₄ l) 1 l kochendes **Salzwasser**	geben, zum Kochen bringen, in etwa 45 Minuten ausquellen lassen, auf ein Sieb geben, mit lauwarmem Wasser übergießen, abtropfen lassen
30 g Butter	unterrühren, mit
Salz frisch gemahlenem **Pfeffer** **Paprika edelsüß**	würzen, den Reis in eine viereckige, gefettete Bratpfanne geben, glattstreichen
2 Zucchini (etwa 400 g)	waschen, abtrocknen, den Stiel abschneiden, die Zucchini in etwa ¹/₂ cm dicke Scheiben schneiden
1–2 Zwiebeln **1 Knoblauchzehe**	beide Zutaten abziehen, würfeln
2 EL Pflanzenöl, z.B. von Biskin	erhitzen, Zwiebel- und Knoblauchwürfel darin andünsten, die Zucchinischeiben hinzufügen, durchdünsten lassen, mit
Salz frisch gemahlenem **Pfeffer** italienischer **Kräuter-Mischung**	würzen

das Gemüse im geschlossenen Topf 5–7 Minuten dünsten lassen, ab und zu durchrühren

4–6 Tomaten	waschen, abtrocknen, die Stengelansätze herausschneiden, die Tomaten in Scheiben schneiden, um den Reis legen, mit Salz, Pfeffer, italienischen Kräutern bestreuen, die Zucchinischeiben in die Mitte geben
125 g Mozzarella-Käse	in kleine Stücke schneiden, auf das Gemüse verteilen die Bratpfanne auf dem Rost in den Backofen schieben
Ober-/Unterhitze	225–250 °C (vorgeheizt)
Heißluft	200–225 °C (nicht vorgeheizt)
Gas	Stufe 5–6 (vorgeheizt)
Überbackzeit	etwa 20 Minuten.

Pilz-Gemüse-Risotto

Für 2 Personen

1 Zwiebel	abziehen, würfeln
1 EL Butter	zerlassen, die Zwiebelwürfel darin andünsten
250 g Langkornreis	hinzufügen, glasig dünsten lassen
1 Becher (150 g) Kräuter-Crème-fraîche	mit
Instant-**Fleischbrühe**	auf 500 ml (¹/₂ l) Flüssigkeit auffüllen, zu dem Reis gießen, zum Kochen bringen, ausquellen lassen

Kochzeit	etwa 20 Minuten
1 Bund Frühlingszwiebeln	putzen, das Grün bis auf 10–15 cm abschneiden, die Frühlingszwiebeln waschen, in dünne Ringe schneiden
250 g Champignons	putzen, waschen, große Champignons halbieren oder vierteln
1 EL Butter	zerlassen, die Frühlingszwiebel-Ringe darin andünsten, die Pilze hinzufügen, kurz durchdünsten, mit
Salz frisch gemahlenem Pfeffer	würzen
300 g tiefgekühlte Erbsen	hinzufügen, im geschlossenen Topf dünsten lassen
Dünstzeit	5–7 Minuten
1–2 EL gehackte Petersilie	unterrühren das Gemüse-Risotto evtl. nochmals mit Salz, Pfeffer abschmecken.

Holländischer Reis-Salat

Für 2 Personen

150 g Langkornreis	in
1½ l kochendes Salzwasser	geben, zum Kochen bringen, in etwa 20 Minuten ausquellen lassen, den garen Reis auf ein Sieb geben, mit kaltem Wasser übergießen, gut abtropfen lassen, von
1 kleinen Kopf Blumenkohl (etwa 500 g)	die Blätter und schlechten Stellen entfernen, die Röschen vom Strunk lösen, waschen
1 Apfel	waschen, abtrocknen, achteln, entkernen, in Scheiben schneiden
150 g Senfgurken	in Würfel schneiden.

Für die Salatsauce

4 EL Pflanzenöl, z.B. von Biskin	mit
2 EL Essig 3 EL Senf 2 EL Sahne	verrühren, mit
Salz frisch gemahlenem Pfeffer Zucker	würzen, mit den Salatzutaten vermengen, den Salat durchziehen lassen, auf gewaschenen
Salatblättern	anrichten, mit
gehackter Petersilie	bestreuen.

Überbackener Kartoffelring mit Pilz-Ragout

Für 4 Personen

	Für den Kartoffelring
1 kg Kartoffeln	schälen, waschen, in Würfel schneiden, in so viel
Salzwasser	zum Kochen bringen, daß die Kartoffeln bedeckt sind, etwa 15 Minuten kochen lassen, abgießen, abdämpfen, noch heiß durch die Kartoffelpresse drücken oder zerstampfen
75 g Butter	
2 Eier	unterrühren, mit
Salz,	
Pfeffer	
geriebener Muskatnuß	würzen, den Kartoffelbrei in einen Spritzbeutel mit großer Sterntülle füllen, einen Kartoffelring in eine gefettete Brat- und Servierpfanne spritzen, die Pfanne auf dem Rost in den Backofen schieben
Ober-/Unterhitze	225–250 °C (vorgeheizt)
Heißluft	200–220 °C (nicht vorgeheizt)
Gas	Stufe 5–6 (vorgeheizt)
Backzeit	etwa 15 Minuten.
	Für das Pilz-Ragout
50 g durchwachsenen Speck	würfeln, in
1 EL Margarine	auslassen
1 Zwiebel	abziehen, würfeln, im Speckfett andünsten
400 g Champignons	putzen, waschen, in Scheiben schneiden, etwa 5 Minuten dünsten
1 Bund Petersilie	abspülen, trockentupfen, feinhacken, hinzufügen
1 Becher (150 g) saure Sahne	unterrühren, erhitzen, mit
Salz	
Pfeffer	
Zitronensaft	abschmecken, das Ragout im Kartoffelring servieren.

Kartoffel-Wurst-Küchlein

Für 2 Personen (Foto)

500 g gekochte Pellkartoffeln	abpellen, in eine Schüssel reiben
300 g Brühwurst oder Schinken	in kleine Würfel schneiden
1 Bund Petersilie	abspülen, trockentupfen, die Blätter von den Stengeln zupfen, fein hacken Schinkenwürfel und gehackte Petersilie zu den Kartoffeln geben, mit
1 Ei	
2 TL Salz	
frisch gemahlenem Pfeffer	
geriebener Muskatnuß	vermengen von
200 g Mehl	etwas auf einen Teller geben, den Rest unter den Kartoffelteig kneten, kleine Küchlein formen, in dem Mehl wenden
Butterschmalz	in einer Pfanne erhitzen, die Küchlein darin goldbraun ausbacken.

Suppentopf „Max und Moritz"

Für 4 Personen (Foto)

1 Suppenhuhn (1200 g)	unter fließendem kaltem Wasser abspülen, trockentupfen, in 2 l kochendes Salzwasser legen und etwa 90 Minuten kochen lassen, die Brühe abseihen, das Fleisch von den Knochen lösen, die Brühe wieder zum Kochen bringen
250 g Möhren	putzen, schälen, waschen und in Scheiben schneiden
1 Stange Lauch	putzen, waschen, in Ringe schneiden
1 Stück Sellerie	putzen, waschen, in Würfel schneiden, das kleingeschnittene Suppengemüse in die Brühe geben, nach etwa 20 Minuten
250 g Nudeln	hinzugeben, weitere 10 Minuten kochen lassen, das Fleisch hineingeben, den Eintopf mit
Salz frisch gemahlenem Pfeffer	abschmecken vor dem Servieren
gemischte Kräuter (Petersilie, Kerbel oder Liebstöckel)	abspülen, trockentupfen, die Blätter von den Stengeln zupfen, über den Eintopf streuen.
Tip	Dazu reichen Sie Brötchen oder Baguette.

Spargelsuppe

Für 2 Personen

250 g Spargel	von oben nach unten schälen, darauf achten, daß Schalen und holzige Stücke völlig entfernt, die Köpfe aber nicht verletzt werden, den Spargel waschen, in 3 cm lange Stücke schneiden, in
750 ml ($^3/_4$ l) kochendes Salzwasser	geben, zum Kochen bringen, gar kochen lassen, das Spargelwasser durch ein Sieb gießen
40 g Butter oder Margarine	zerlassen
40 g Weizenmehl	unter Rühren so lange darin erhitzen, bis es hellgelb ist, das Gemüsewasser und
250 ml ($^1/_4$ l) Milch	hinzugießen, mit einem Schneebesen durchschlagen, zum Kochen bringen, etwa 10 Minuten kochen lassen, die Spargelstückchen hinzugeben, nach Belieben
1 Eigelb	mit
2 EL Sahne	verschlagen, die Suppe damit abziehen, mit
Salz	abschmecken
Kochzeit	etwa 30 Minuten.
Tip	Servieren Sie dazu einen trockenen Weißwein und Baguette.

Frühlings-Salat

Für 2 Personen

250 g junge Möhren	putzen, schälen, waschen, in
wenig kochendes Salzwasser	geben, zum Kochen bringen, 5–8 Minuten dünsten, abtropfen, abkühlen lassen
1 Bund Radieschen	
250 g Champignons	beide Zutaten putzen, waschen
500 g Pellkartoffeln	pellen, die vier Zutaten in dünne Scheiben schneiden
1 Bund Schnittlauch	abspülen, trockentupfen, fein schneiden
1 Kästchen Kresse	abspülen, trockentupfen, die Blättchen abschneiden
250 g Kümmelkäse	in feine Streifen schneiden.

Für die Salatsauce

6 EL Pflanzenöl	mit
4 EL Estragon-Essig	
1 TL mittelscharfem Senf	verrühren, mit
Salz	
frisch gemahlenem weißen Pfeffer	würzen, mit den Salatzutaten vermengen, Salat etwas durchziehen lassen, auf
Salatblättern	anrichten, mit
Radieschen	und
Kresseblättchen	garnieren.

Nizza-Salat

Für 4 Personen

500 g Tomaten	waschen, Stengelansätze entfernen, die Tomaten vierteln, mit
Salz	bestreuen
1 mittelgroße Salatgurke (750 g)	schälen, in Scheiben schneiden
1 grüne Paprika-schote	vierteln, entstielen, entkernen, die weißen Scheidewände entfernen, die Schote waschen, in dünne Ringe schneiden
2 Frühlings-zwiebeln	abziehen, in feine Ringe schneiden
3 Eier	8 Minuten kochen, abschrecken, pellen, achteln
4 Sardellenfilets	mit kaltem Wasser abspülen, halbieren, aufrollen
1 Dose große weiße Bohnen (Einwaage 400 g)	auf einem Sieb abtropfen lassen, alle vorbereiteten Salatzutaten mit
75 g schwarzen Oliven	
75 g grünen Oliven	auf einem großen Teller anordnen
4 EL Olivenöl	
Salz	
frisch gemahlenen Pfeffer	über den Salat geben
frische Basilikumblätter	unter fließendem Wasser abspülen, trockentupfen, in Streifen schneiden, über die Salatzutaten geben.

Käse-Wähe

Für 4 Personen

Für den Teig

225 g Mehl	mit
½ TL Back-	
pulver	mischen, auf die Tischplatte sieben, in die Mitte eine Vertiefung eindrücken
1 Ei	
Salz	
abgeriebene	
Schale	
von ½ Zitrone	
(unbehandelt)	hineingeben, mit einem Teil des Mehls zu einem dicken Brei verarbeiten
100 g kalte	
Butter	in Stücke schneiden, auf den Brei geben, mit Mehl bedecken, von der Mitte aus alle Zutaten schnell zu einem glatten Teig verkneten, etwa 30 Minuten kalt stellen, den Teig etwa 3 mm dick ausrollen, eine gefettete Pie-Form (Durchmesser etwa 28 cm) damit auslegen.

Für die Füllung

1 Becher (150 g)	
Crème fraîche	mit
250 g Speise-	
quark	
2 Eiern	
150 g geriebe-	
nem Käse	gut verrühren, mit
Salz, Pfeffer	
Paprika edelsüß	würzen, die Masse auf dem Boden verteilen, glattstreichen, die Form auf dem Rost in den Backofen schieben

Ober-/Unterhitze	etwa 225 °C (vorgeheizt)
Heißluft	etwa 200 °C (nicht vorgeheizt)
Gas	etwa Stufe 4 (vorgeheizt)
Backzeit	etwa 25 Minuten.

Käse-Kartoffeln in Folie

Für 4 Personen

8 große	
Kartoffeln	waschen, abtrocknen, ungeschält, jeweils in ein großes Stück Alufolie wickeln, auf dem Backblech in den Backofen schieben
Ober-/Unterhitze	etwa 200 °C (vorgeheizt)
Heißluft	etwa 180 °C (nicht vorgeheizt)
Gas	etwa Stufe 4 (vorgeheizt)
Backzeit	1–1 ½ Stunden.

Für die Käse-Creme

400 g	
Rahm-Frischkäse	mit
125 ml (⅛ l)	
Milch	verrühren
1 Paprikaschote	halbieren, entstielen, entkernen, die weißen Scheidewände entfernen, die Schote waschen
1 Zwiebel	abziehen
1 Gewürzgurke	die drei Zutaten in feine Würfel schneiden, mit
1 EL eingeleg-	
tem grünen	
Pfeffer	
4 EL gehackten	
Kräutern	unter die Käse-Creme rühren, mit
Salz	abschmecken, die garen Kartoffeln über Kreuz einschneiden, auseinanderdrücken, Käse-Creme hineingeben, den Rest dazureichen.

Geflügelsalat „Sommerwache"

Für 2 Personen (Foto)

1 Hähnchen-brustfilet	unter fließendem kaltem Wasser abspülen, trockentupfen
6 EL Pflanzenöl	in einer Pfanne erhitzen, das Fleisch unter mehrmaligem Wenden etwa 10 Minuten darin braten
125 g Zucker-schoten	abwaschen
125 g Maiskörner (Dose)	abtropfen lassen
je 1 grüne, rote Paprikaschote	halbieren, entstielen, entkernen, die weißen Scheidewände entfernen, die Schoten waschen und in feine Streifen schneiden, die Paprikastreifen in die Pfanne geben, bei geschlossener Pfanne weitere 5 Minuten dünsten
4 EL Essig	
Pfeffer	
6 EL Sojasauce	
1 Prise Zucker	untermischen, abkühlen lassen,
1 Honigmelone	halbieren, die Kerne mit einem Löffel herausnehmen, die Melone unten gerade schneiden, damit sie richtig stehen kann, die Fleisch-Gemüse-Mischung darin anrichten
125 ml (⅛ l) Schlagsahne	steif schlagen, mit
20 g abgezogenen, gestiftelten Mandeln	vermischen, mit Pfeffer und Zucker abschmecken, mit dem Salat gut gekühlt servieren.

Tomaten-Tarte

Für 4 Personen

750 ml (¾ l) Gemüsebrühe	zum Kochen bringen, mit
150 g Maisgrieß	verrühren, aufkochen, bei schwacher Hitze in 15 Minuten ausquellen lassen
1 rote Paprikaschote	waschen, halbieren, Kerne und weiße Scheidewände entfernen, Schote fein würfeln
1 Zwiebel	abziehen, in Würfel schneiden
1 Stange Porree	putzen, gründlich waschen, in Ringe schneiden
1 Knoblauch-zehe	abziehen, fein hacken
3 EL Pflanzenöl, z.B. von Biskin	erhitzen, Paprika, Zwiebel, Lauch, Knoblauch darin anbraten, mit
1 TL Paprika	
½ TL Majoran	würzen, etwa 10 Minuten dünsten lassen, mit
300 g Magerquark	unter den Maisbrei rühren, eine Tarte-Form aus Keramik ausfetten, Maisbrei hineindrücken
750 g Tomaten	waschen, Stengelansätze entfernen, Tomaten in Scheiben schneiden, Tarte damit belegen
40 g Vollkorn-brotbrösel	auf die Tomaten streuen, mit
2 EL Olivenöl	beträufeln Form auf dem Rost in den Backofen schieben
Ober-/Unterhitze	etwa 240 °C (vorgeheizt)
Heißluft	etwa 220 °C (nicht vorgeheizt)
Gas	Stufe 4–5 (vorgeheizt)
Backzeit	etwa 20 Minuten.

Reis-Sauerkraut-Auflauf

Für 4 Personen

1 Zwiebel	abziehen, in Würfel schneiden
500 g Champignons	putzen, waschen, in Scheiben schneiden
1 EL Margarine	zerlassen, Zwiebelwürfel und Champignons darin andünsten
300 g ungeschälten Langkornreis	unterrühren, etwa 2 Minuten weiterdünsten
500 ml (½ l) heißes Wasser	hinzugießen, mit
Sojasauce	würzen, zum Kochen bringen, den Topf schließen, Reis bei schwacher Hitze in etwa 40 Minuten ausquellen lassen, mit
3 EL gehackter Petersilie	vermengen
500 g Sauerkraut	kleinschneiden, in eine gefettete Auflaufform etwa ⅓ Pilzreis füllen, ⅓ Sauerkraut daraufgeben, so fortfahren, bis alle Zutaten verbraucht sind Form auf dem Rost in den Backofen schieben
Ober-/Unterhitze	220–240 °C (vorgeheizt)
Heißluft	200–220 °C (nicht vorgeheizt)
Gas	etwa Stufe 4 (vorgeheizt)
Backzeit	etwa 40 Minuten Reis-Sauerkraut-Auflauf mit
125 ml (⅛ l) Schlagsahne	begießen.

Spinat-Auflauf

Für 4 Personen

1 Packung (400 g) Tiefkühl-Rahmspinat	bei Zimmertemperatur auftauen lassen
1 kg Kartoffeln	schälen, waschen, in Hälften schneiden, in
Salzwasser	zum Kochen bringen, gar kochen lassen, abgießen, sofort durch die Presse geben
knapp 250 ml (¼ l) Milch	
25 g Butter	hinzufügen, den Brei so lange schlagen, bis er weißschaumig ist, mit
Salz	abschmecken die Hälfte des Kartoffelbreis in den gewässerten Tontopf geben, den Spinat darauf verteilen mit einem Eßlöffel 4 Vertiefungen in den Spinat drücken
4 Eier	einzeln aufschlagen, in jede Vertiefung 1 Ei geben, den restlichen Kartoffelbrei vorsichtig darüber verteilen, mit
2 EL Semmelbröseln	bestreuen, mit
Butterflöckchen	belegen, den Tontopf mit dem Deckel verschließen, in den Backofen stellen
Ober-/Unterhitze	200–225 °C (vorgeheizt)
Heißluft	180–200 °C (nicht vorgeheizt)
Gas	Stufe 4–5 (vorgeheizt)
Garzeit	etwa 45 Minuten.

Kartoffelgratin

Für 4 Personen

1 kg Kartoffeln	schälen, waschen, in feine Scheiben schneiden, nochmals waschen, abtropfen lassen
1 Knoblauch-zehe	abziehen, eine viereckige Bratpfanne damit ausreiben, ausfetten
200 g Gruyère-Käse	reiben, $^3/_4$ der Menge abwechselnd mit den Kartoffel-scheiben in die Bratpfanne schichten, dabei die Kartoffelscheiben mit
Salz, Pfeffer	bestreuen
250 ml ($^1/_4$ l) Milch	mit
250 ml ($^1/_4$ l) Schlagsahne	
3 Eiern	verschlagen, mit Salz, Pfeffer,
geriebener Muskatnuß	würzen
3–4 EL gehackte Kräuter	unterrühren, die Eier-Milch über die Kartoffel-Käse-Scheiben gießen den restlichen Käse darüber streuen
Butter	in Flöckchen darauf setzen die Bratpfanne auf dem Rost in den Backofen schieben
Ober-/Unterhitze	175–200 °C (vorgeheizt)
Heißluft	150–175 °C (nicht vorgeheizt)
Gas	Stufe 3–4 (vorgeheizt)
Backzeit	etwa 60 Minuten während der letzten 20 Minuten Backzeit die Pfanne evtl. mit Alufolie abdecken.

Kartoffel-Auflauf mit Ei

Für 4 Personen

1 kg Kartoffeln	waschen, in Wasser zum Kochen bringen, in 20–30 Minuten gar kochen lassen, abgießen, sofort pellen, erkalten lassen
4 hartgekochte Eier	pellen, beide Zutaten in Scheiben schneiden, abwechselnd lagenweise in eine mit
Butter	gefettete Auflaufform füllen, die oberste Schicht soll aus Kartoffeln bestehen.

Für die Sauce

30 g Butter	zerlassen
35 g Weizenmehl	unter Rühren so lange darin erhitzen, bis es hellgelb ist
250 ml ($^1/_4$ l) Milch	
250 ml ($^1/_4$ l) Fleischbrühe	hinzufügen, mit einem Schneebesen durchschlagen, so daß keine Klumpen entstehen, die Sauce zum Kochen bringen, etwa 5 Minuten kochen lassen, mit
Salz	abschmecken, über die Kartoffeln gießen, den Auflauf mit
1 EL feinge-schnittenem Schnittlauch	
50 g geriebenem Käse	bestreuen, die Form auf dem Rost in den Backofen schieben
Ober-/Unterhitze	225–250 °C (vorgeheizt)
Heißluft	200–225 °C (nicht vorgeheizt)
Gas	Stufe 5–6 (vorgeheizt)
Backzeit	30–40 Minuten.

Leichter Kartoffel-Möhren-Topf

Für 4 Personen (Foto)

500 g Kartoffeln	schälen, waschen, würfeln
500 g Möhren	putzen, schälen, waschen, in Scheiben schneiden
400 g Schweine-fleisch	in etwa 3 x 3 cm große Würfel schneiden
2 Zwiebeln	abziehen, würfeln
30 g Pflanzen-fett, z.B. von Biskin	in einem breiten Topf erhitzen, das Fleisch unter Wenden darin bräunen die Zwiebelwürfel hinzufügen, andünsten anschließend Kartoffeln und Möhren hinzufügen und andünsten, mit
Salz frisch gemahlenem Pfeffer 1 TL Kurkuma	würzen, mit
375 ml (³/₈ l) Gemüsebrühe	angießen, im geschlossenen Topf etwa 35 Minuten schmoren lassen.
Tip	Vor dem Servieren mit Kerbelblättchen oder grobge-hackter Petersilie bestreuen.

Gemüse-Fisch-Eintopf

Für 4 Personen

500 g Seelachsfilet	unter fließendem kaltem Wasser abspülen, trockentupfen, mit
Zitronensaft	beträufeln, etwas stehenlassen, trockentupfen, mit
Salz	bestreuen, in nicht zu kleine Stücke schneiden
250 g Champignons	putzen, waschen, in Scheiben schneiden
250 g Grüne Bohnen	abfädeln, waschen, in Stücke brechen oder schneiden
375 g Kartoffeln	schälen, waschen, in Würfel schneiden
2 große Zwiebeln	abziehen, in Scheiben schneiden
50 g Pflanzenfett, z.B. von Biskin	zerlassen, die Zwiebeln darin andünsten, Champignons, Bohnen, Kartoffeln hinzufügen, kurze Zeit mitdünsten lassen, mit
Salz, Pfeffer	würzen
250 ml (¼ l) Wasser	hinzugießen, dünsten lassen, nach etwa 25 Minuten Dünstzeit den Fisch,
125 ml (⅛ l) Weißwein	hinzufügen, gar dünsten lassen den Eintopf mit Salz, Pfeffer,
Suppenwürze	abschmecken, mit
2 EL gehackter Petersilie	bestreuen
Dünstzeit	etwa 40 Minuten.

Weißkohl-Eintopf

Für 2 Personen

300 g Rindfleisch	unter fließendem kaltem Wasser abspülen, trockentupfen, in kleine Würfel schneiden
500 g Weißkohl	waschen, kleinschneiden
300 g Kartoffeln	schälen, waschen, in Würfel schneiden
200 g Möhren	putzen, schälen, waschen, in Stifte schneiden
40 g Butter	erhitzen, das Fleisch unter Wenden schwach darin bräunen
2 Zwiebeln	abziehen, würfeln kurz bevor das Fleisch genügend gebräunt ist, die Zwiebeln hinzufügen, kurz miterhitzen das Fleisch mit
Salz frisch gemahlenem Pfeffer	würzen, Weißkohl, Kartoffeln, Möhren,
1 TL Kümmel 500 ml (½ l) Wasser	hinzufügen, gar schmoren lassen den Eintopf mit Salz abschmecken
Schmorzeit	1–1½ Stunden.

Steckrüben-Eintopf

Für 4 Personen

500 g Schweinebauch (ohne Knochen)	unter fließendem kaltem Wasser abspülen, trockentupfen, in kleine Würfel schneiden
1 kg Steckrüben	schälen, waschen, in Stifte schneiden
750 g Kartoffeln	schälen, waschen, in Würfel schneiden
40 g Margarine	erhitzen, das Fleisch unter Wenden schwach darin bräunen
2 Zwiebeln	abziehen, würfeln kurz bevor das Fleisch genügend gebräunt ist, die Zwiebeln hinzufügen, kurz mitbräunen lassen, das Fleisch mit
Salz frisch gemahlenem Pfeffer 500 ml (½ l) Wasser	würzen, Steckrüben, Kartoffeln, hinzufügen, gar schmoren lassen den Eintopf mit Salz, Pfeffer abschmecken, mit
gehackter Petersilie	bestreuen
Schmorzeit	etwa 1 Stunde.

Spitzkohleintopf mit Tomaten

Für 4 Personen

1 kg Spitzkohl (vorbereitet gewogen)	waschen, in feine Streifen schneiden
750 g Kartoffeln	schälen, waschen, in Würfel schneiden
500 g Tomaten	kurze Zeit in kochendes Wasser legen, in kaltem Wasser abschrecken, enthäuten, in Würfel schneiden
60 g Pflanzenfett, z.B. von Biskin	zerlassen, Spitzkohl, Kartoffeln,
375 ml (³/₈ l) heißes Wasser	hinzufügen, mit
Salz, Pfeffer	würzen, zum Kochen bringen, gar kochen lassen.

Für die Fleischklößchen

1 Brötchen	in kaltem Wasser einweichen, gut ausdrücken
1 kleine Zwiebel	abziehen, würfeln
250 g Gehacktes (halb Rind-, halb Schweinefleisch)	
1 Ei	mit dem Brötchen, der Zwiebel, vermengen, mit Salz, Pfeffer abschmecken, aus der Masse etwa 20 Klößchen formen, mit den Tomaten 20 Minuten vor Beendigung der Kochzeit zu dem Spitzkohl geben, den garen Eintopf mit Salz abschmecken, nach Belieben noch etwas Wasser hinzufügen
Kochzeit	etwa 1 Stunde.

Suppentopf „Provencale"

Für 4 Personen

250 g Schweinefleisch	unter fließendem kaltem Wasser abspülen, trockentupfen, in Streifen schneiden, etwa
3 EL Pflanzenöl	erhitzen, das Fleisch darin bräunen lassen
1 Zwiebel 1 Knoblauchzehe	die beiden Zutaten abziehen, fein würfeln, zu dem Fleisch geben, mitdünsten lassen
1¼ l Instant-Fleischbrühe	hinzugießen, zum Kochen bringen
etwa 750 g Kartoffeln	schälen, waschen, in kleine Würfel schneiden, mit
450 g (1 Packung) tiefgekühltem Suppengemüse	unaufgetaut in die Brühe geben, zum Kochen bringen, in etwa 20 Minuten gar kochen lassen
5 Tomaten	kurze Zeit in kochendes Wasser geben, in kaltem Wasser abschrecken, enthäuten, die Tomaten in Stücke schneiden, kurz vor Beendigung der Kochzeit in die Suppe geben, mit
Salz frisch gemahlenem Pfeffer gerebeltem Thymian gerebeltem Basilikum	abschmecken
Garzeit	etwa 30 Minuten.

Hackfleisch-Häppchen

Für 4 Personen *(Foto)*

1 kg Gehacktes	
80 g Toastbrot	in
2–3 EL Wasser	einweichen, ausdrücken und mit dem Hackfleisch vermischen
100 g Zwiebeln	abziehen, fein hacken
4 Eier	
3 EL scharfen Senf	
¼ TL Zitronen-pfeffer	untermengen, so lange verkneten bis eine geschmeidige Masse entstanden ist die Hackfleischmasse auf ein ungefettetes Backblech geben, glatt verstreichen, das Blech in den Backofen schieben
Ober-/Unterhitze	200–220 °C (vorgeheizt)
Heißluft	180–200 °C (nicht vorgeheizt)
Gas	Stufe 4–5 (vorgeheizt)
Backzeit	20–25 Minuten nach dem Backen das Hackfleisch in Rechtecke schneiden, mit
Teufelssauce Gurkenscheiben eingelegten Zwiebeln	garnieren.

Ratatouille

Für 4 Personen

1 grüne, 1 gelbe Paprikaschote	halbieren, entstielen, entkernen, die weißen Scheidewände entfernen, die Schoten waschen, in 1½–2 cm breite Streifen schneiden
300 g Zucchini 250 g Auberginen	von dem Gemüse die Stengel-ansätze abschneiden, das Gemüse waschen, in etwa ½ cm breite Scheiben schneiden
3–4 Tomaten	kurze Zeit in kochendes Wasser legen, nicht kochen lassen, in kaltem Wasser abschrecken, enthäuten, die Stengelansätze herausschneiden, die Tomaten halbieren, in Scheiben schneiden
1 Zwiebel 1–2 Knoblauch-zehen	
3 EL Pflanzenöl	beide Zutaten abziehen, würfeln, erhitzen, die Zwiebel- und Knob-lauchwürfel darin andünsten, das Gemüse hinzufügen, durchdün-sten lassen, mit
Salz, Pfeffer gerebeltem Basilikum gerebeltem Thymian gerebeltem Majoran	würzen
200 ml Wasser	hinzufügen, im geschlossenem Topf gar kochen lassen
3 EL Tomatenmark	unterrühren, kurz durchdünsten lassen, mit
2 EL gehackter Petersilie	bestreuen
Garzeit	15–20 Minuten.

Gemüselasagne

Für 4 Personen *(Foto)*

250 g Lasagne-blätter	portionsweise in
2½ l kochen-des Salzwasser	geben, nach Packungsaufschrift garen, in kaltes Wasser legen
2 Zwiebeln	abziehen, fein würfeln
300 g Porree (Lauch)	putzen, in 1 Zentimeter breite Streifen schneiden
250 g Möhren	putzen, schälen, waschen
200 g Sellerie	waschen, schälen, Möhren und Sellerie in Würfel schneiden
60 g Butter	in einer großen Pfanne erhitzen, Zwiebelwürfel darin glasig dünsten, Porree, Möhren, Sellerie,
3–4 EL Salzwasser	hinzufügen, 10 Minuten dünsten
1 kleine Dose Mais (230 g Ein-waage)	auf ein Sieb geben, abtropfen lassen, zum Gemüse geben, mit
Salz gemahlenem Pfeffer Paprika edelsüß	würzen
2 Becher (je 150 g) saure Sahne	mit
3 Eiern	verquirlen, mit Salz, Pfeffer würzen
1 Bund Petersilie	abspülen, trockentupfen, die Blättchen von den Stengeln zupfen, fein hacken
200 g Gouda	fein reiben, abwechselnd abge-tropfte Lasagneblätter, Gemüse, Käse, Eiermischung, Lasagne-blätter, Gemüse und Kräuter in eine gefettete Auflaufform

schichten, die oberste Schicht sollte Käse sein
die Form in den Backofen schieben

Ober-/Unterhitze	etwa 200 °C (vorgeheizt)
Heißluft	etwa 180 °C (nicht vorgeheizt)
Gas	etwa Stufe 4 (vorgeheizt)
Backzeit	etwa 35 Minuten

die Gemüselasagne 15 Minuten im Backofen nachziehen lassen, dann erst anschneiden.

Streifrüben-Eintopf

500 g Schweine-bauch	unter fließendem kaltem Wasser abspülen, trockentupfen, in Würfel schneiden
750 g Streif-rüben (Stielmus)	putzen, waschen, kleinschneiden
500 g Kartoffeln	schälen, waschen, in Würfel schneiden
40 g Margarine	erhitzen, das Fleisch unter Wenden schwach darin bräunen lassen, mit
Salz frisch gemahlenem Pfeffer	würzen, Streifrüben, Kartoffeln,
250 ml (¼ l) Wasser	hinzufügen, gar schmoren lassen den Eintopf mit Salz, Pfeffer abschmecken
Garzeit	etwa 1 Stunde.

Deftiger Gemüse-Eintopf

Für 4 Personen

400 g Schweine-fleisch	unter fließendem kaltem Wasser abspülen, trockentupfen, in Würfel schneiden
750 g Kartoffeln	schälen, waschen, in Scheiben schneiden
1 rote, 1grüne Paprikaschote	halbieren, entstielen, entkernen, die weißen Scheidewände entfernen, die Schoten waschen, grob zerkleinern
250 g Zucchini	waschen, die Enden abschneiden
250 g Tomaten	enthäuten, beide Zutaten in Scheiben schneiden
3 Zwiebeln	
4 Knoblauch-zehen	beide Zutaten abziehen, würfeln
4 EL Pflanzenöl	in einem Schmortopf erhitzen, das Fleisch mit
2 Lorbeer-blättern	
1 EL gehackten Rosmarinnadeln	hinzufügen, mit
Salz, Pfeffer	bestreuen die übrigen Zutaten auf das Fleisch schichten, jede Schicht mit Salz, Pfeffer bestreuen
125 ml (⅛ l) Fleischbrühe	
125 ml (⅛ l) Weißwein	hinzugießen, den Schmortopf zugedeckt auf dem Rost in den Backofen schieben
Ober-/Unterhitze	etwa 175 °C (vorgeheizt)
Heißluft	etwa 150 °C (nicht vorgeheizt)
Gas	etwa Stufe 2 (vorgeheizt)
Garzeit	etwa 2 Stunden.

Gemüsequiche

Für 4 Personen

Für den Teig

200 g Weizen-mehl	in eine Rührschüssel sieben
1 gestr. TL Salz	
1 Ei	
100 g Butter	hinzufügen, die Zutaten mit Handrührgerät mit Knethaken zunächst kurz auf niedrigster, dann auf höchster Stufe gut durcharbeiten, anschließend auf der Tischplatte zu einem glatten Teig verkneten, den Teig 1–2 Stunden kalt stellen
2 Zucchini (250 g)	putzen, waschen, in Scheiben schneiden, in
kochendes Salzwasser	geben, einmal aufkochen lassen
100 g tiefge-kühlte Erbsen	
300 g tiefge-kühlter Broccoli	nacheinander jeweils 3 Minuten in dem Zucchiniwasser kochen lassen, das Gemüse auf ein Sieb geben, mit kaltem Wasser übergießen, gut abtropfen lassen
4 Tomaten	kurze Zeit in kochendes Wasser geben, nicht kochen lassen, in kaltem Wasser abschrecken, enthäuten, die Stengelansätze herausschneiden, in dünne Scheiben schneiden das Gemüse erkalten lassen, den Teig ausrollen, eine Form (Durchmesser etwa 28 cm) damit auslegen, den Rand 2–3 cm hochziehen, den Teigboden

mehrmals mit einer Gabel einstechen, die Form auf dem Rost in den Backofen schieben

Ober-/Unterhitze 225 °C (nicht vorgeheizt)
Heißluft 200 °C (nicht vorgeheizt)
Gas Stufe 4 (nicht vorgeheizt)
Backzeit 10–15 Minuten
das Gemüse auf dem vorgebackenen Boden verteilen, in die Mitte die Erbsen geben, dann Zucchinischeiben als Kreis, dann Broccoli und als äußersten Kreis Tomatenscheiben auf den Boden legen, das Gemüse mit

frisch gemahlenem Pfeffer bestreuen
200 g Gouda in Würfel schneiden, über das Gemüse geben
1 Becher (150 g) Crème fraîche mit
2 Eiern
1 TL scharfen Senf
1 EL gehackten Kräutern verrühren, mit
Salz geriebener Muskatnuß abschmecken, über das Gemüse gießen, die Form auf dem Rost in den Backofen schieben
Ober-/Unterhitze 175–200 °C (vorgeheizt)
Heißluft 150–175 °C (nicht vorgeheizt)
Gas Stufe 4 (vorgeheizt)
Backzeit 45 Minuten.

Lauch-Eintopf
Für 4 Personen

1 kg Porree (Lauch) putzen, das dunkle Grün bis auf etwa 10 cm entfernen, den Porree längs halbieren, in etwa 1 cm breite Streifen schneiden, waschen, abtropfen lassen
2 Möhren putzen, schälen, waschen, in Scheiben schneiden
1 Stück Sellerie schälen, waschen
1 Zwiebel abziehen
750 g mehligkochende Kartoffeln schälen, waschen
75 g durchwachsenen Speck die 4 Zutaten in Würfel schneiden
1 EL Pflanzenöl, z.B. von Biskin erhitzen, die Speckwürfel darin ausbraten, Möhrenscheiben, Sellerie- und Zwiebelwürfel darin andünsten, die Kartoffelwürfel,
1 l Fleischbrühe
2 geräucherte Mettwürstchen hinzufügen, zum Kochen bringen, etwa 10 Minuten kochen lassen die Lauchstreifen hinzufügen, mit
Salz, Pfeffer würzen, evtl. noch etwas
Fleischbrühe hinzugießen, zum Kochen bringen, 5–7 Minuten kochen lassen, die Mettwürstchen aus dem Eintopf nehmen, in Scheiben schneiden, wieder in den Eintopf geben, den Lauch-Eintopf mit Salz, Pfeffer abschmecken, mit
1–2 EL gehackter Petersilie bestreuen.

Eier-Frikassee

Für 2 Personen *(Foto)*

200 g Champignons	putzen, abreiben, halbieren, dünsten
250 g Spargel	von oben nach unten schälen, holzige Stellen entfernen, die unteren Enden abschneiden, den Spargel in Stücke schneiden, mit
375 ml (³/₈ l) Wasser	auffüllen, gar kochen lassen
4 Eier	hartkochen, pellen, Champignons und Eier halbieren.

Für die Sauce

20 g Butter	zerlassen
25 g Weizen- mehl	unter Rühren so lange darin erhitzen, bis es hellgelb ist
375 ml (³/₈ l) Spargelwasser	hinzugießen, mit einem Schneebesen durchschlagen, darauf achten, daß keine Klumpen entstehen, die Sauce zum Kochen bringen, die Zutaten in die Sauce geben, etwa 10 Minuten darin ziehen lassen
1 Eigelb	mit
3 EL Weißwein	verschlagen, das Frikassee damit abziehen (nicht mehr kochen lassen), mit
Salz Zitronensaft	abschmecken, mit
1 EL gehackter Petersilie	bestreuen.

Reibekuchen

Für 4 Personen

1 kg Kartoffeln	schälen, waschen, auf einer feinen Reibe reiben, die Kartoffelmasse in ein sauberes Tuch geben, kräftig auspressen, mit
150 ml Milch 3–4 Eiern 2–3 EL Weizenmehl Salz	verrühren (nicht zu schwach salzen)
Pflanzenöl, z.B. von Biskin	in einer Pfanne erhitzen, den Teig eßlöffelweise hineingeben, flachdrücken, so daß etwa handtellergroße Kuchen entstehen, von beiden Seiten hellbraun und knusprig backen.
Beilage	Apfelmus, Kompott oder Salat.
Tip	4–5 Eßlöffel feingehackte Kräuter (glatte Petersilie, Dill, Schnittlauch, Zitronenmelisse) unter den Kartoffelteig rühren.

Landfrauen-Auflauf mit Frühlingsquark

Für 4 Personen

200 gelbe und grüne Band-nudeln	in
1 ½ l kochen-des Salzwasser	geben, zum Kochen bringen, ab und zu umrühren, etwa 8 Minuten kochen lassen, mit kaltem Wasser übergießen, abtropfen lassen
500 g Fleisch-tomaten	kurze Zeit in kochendes Wasser legen, nicht kochen lassen, in kaltem Wasser abschrecken, enthäuten, die Stengelansätze herausschneiden, die Tomaten in Scheiben schneiden
250 g gekochten Schinken	in Würfel schneiden
3 Eier	mit
200 ml Schlag-sahne	verschlagen, mit
Salz, Pfeffer	würzen
1 Bund Schnittlauch ½ Bund glatte Petersilie	die Kräuter abspülen, trockentupfen, fein schneiden eine flache feuerfeste Form ausfetten, eine Schicht Tomaten-scheiben hineingeben, mit Salz, Pfeffer, Schnittlauch und Petersilie bestreuen, die Hälfte der Schinken-würfel darüber geben, die Nudeln, die restlichen Tomatenscheiben mit den Schinkenwürfeln

einschichten, die Kräuter darüber streuen, die Eier-Sahne-Masse darüber verteilen, die Form auf dem Rost in den Backofen schieben

2 Packungen (je 200 g) Frühlings-Quark	verrühren, etwa 10 Minuten vor Beendigung der Backzeit über den Auflauf geben
Ober-/Unterhitze	etwa 200 °C (vorgeheizt)
Heißluft	etwa 180 °C (nicht vorgeheizt)
Gas	etwa Stufe 3 (vorgeheizt)
Backzeit	etwa 40 Minuten.

Makkaroni-Auflauf mit Schinken

Für 2 Personen

250 g Makkaroni 1 ½ l kochen-des Salzwasser	in fingerlange Stücke brechen, in geben, zum Kochen bringen, gar kochen lassen, auf ein Sieb geben, mit kaltem Wasser übergießen, abtropfen lassen
200 g gekochten Schinken	in kleine Würfel schneiden
60 g Käse	reiben, Makkaroni, Schinken und Käse abwechselnd lagenweise in eine mit
Butter	gefettete Auflaufform füllen, die oberste Schicht soll aus Makkaroni bestehen
2 Eier 250 ml (¼ l) Milch Salz, Pfeffer geriebener Muskatnuß	mit verschlagen, über die Makkaroni gießen, den Auflauf mit

2 EL Semmel-bröseln	bestreuen
Butter	in Flöckchen darauf setzen, die Auflaufform auf dem Rost in den Backofen schieben
Kochzeit	etwa 15 Minuten
Ober-/Unterhitze	225–250 °C (vorgeheizt)
Heißluft	200–225 °C (nicht vorgeheizt)
Gas	Stufe 5–6 (vorgeheizt)
Backzeit	etwa 40 Minuten
Beilage	Grüner Salat.

Pfannkuchen-Auflauf

Für 2 Personen

Für die Füllung

1 Zwiebel	abziehen, würfeln
1 EL Margarine	zerlassen, die Zwiebelwürfel darin andünsten
1 Zucchini (etwa 250 g)	waschen, evtl. schälen, in Scheiben schneiden, evtl. halbieren, zu den Zwiebeln geben, mitdünsten lassen
340 g Mais-körner (aus der Dose)	abtropfen lassen, hinzufügen
420 g Tomaten (aus der Dose)	mit der Gemüseflüssigkeit hinzufügen
2 TL Tomatenmark	unterrühren, das Gemüse zum Kochen bringen
2 EL Speisestärke	mit
1 EL kaltem Wasser	anrühren, das Gemüse damit binden, mit
Salz, Pfeffer	abschmecken.

Für den Teig

100 g Weizenmehl	mit
gut 250 ml (¼ l) Milch	
Salz	verrühren, etwa 30 Minuten zum Quellen stehenlassen
150 g gekochten Schinken	in Streifen schneiden, mit
2 Eiern	unter den Teig rühren, gut verrühren
Butter	in einer Stielpfanne erhitzen, eine dünne Teiglage hineingeben, von beiden Seiten goldgelb backen, warm stellen, aus dem restlichen Teig vier weitere Pfannkuchen backen, eine hohe, runde Auflauf-form mit Butter einfetten, einen Pfannkuchen hineingeben, einen Teil der Gemüsefüllung darauf verteilen, mit einem Pfannkuchen bedecken, Gemüse und Pfann-kuchen weiter abwechselnd einschichten, die letzte Schicht sollte aus einem Pfannkuchen bestehen
2 Ecken Schmelzkäse	mit
4 EL Wasser	erhitzen, gut verrühren, bis der Käse geschmolzen ist, über den Auflauf gießen, die Form auf dem Rost in den Backofen schieben
Ober-/Unterhitze	etwa 200 °C (vorgeheizt)
Heißluft	etwa 180 °C (nicht vorgeheizt)
Gas	etwa Stufe 3 (vorgeheizt)
Backzeit	etwa 20 Minuten die Portionen wie Tortenstücke schneiden.

Lauch-Schinken-Kuchen

Für 4 Personen *(Foto)*

250 g Weizen- mehl	sieben
125 g kalte Butter	
1 TL Salz	
Zucker	zu dem Mehl geben, alles schnell zu einem glatten Teig verkneten, etwa 30 Minuten kalt stellen den Teig auf dem Boden einer gefetteten Springform (Durchmesser 28 cm) ausrollen, am Rand etwa 2 cm hochdrücken die Form auf dem Rost in den Backofen schieben
Ober-/Unterhitze	etwa 250 °C (vorgeheizt)
Heißluft	etwa 220 °C (nicht vorgeheizt)
Gas	etwa Stufe 5 (vorgeheizt)
Backzeit	etwa 10 Minuten.

Für den Belag

200 g Schinken	in Würfel schneiden, auslassen
1 kg Porree (Lauch)	putzen, das dunkle Grün bis auf etwa 10 cm entfernen, den Porree in dünne Scheiben schneiden, gründlich waschen, abtropfen lassen, in den Schinkenwürfeln etwa 15 Minuten dünsten lassen, mit
Salz, Pfeffer	würzen, abkühlen lassen
1 Packung Frühlings-Quark	mit
3 Eiern	unter den Lauch rühren die Masse auf den vorgebackenen Boden geben, glattstreichen die Form auf dem Rost in den Backofen schieben

Ober-/Unterhitze	etwa 200 °C (vorgeheizt)
Heißluft	etwa 180 °C (nicht vorgeheizt)
Gas	etwa Stufe 4 (vorgeheizt)
Backzeit	etwa 40 Minuten den Lauch-Kuchen heiß servieren.

Kräuter-Frikadellen

Für 4 Personen

400 g Gehacktes (halb Rind-, halb Schweine- fleisch)	mit
200 g gut abgetropftem Speisequark (Magerstufe)	in eine Schüssel geben
2 kleine Zwiebeln	abziehen, fein würfeln, mit
2 EL feinge- schnittenem Schnittlauch	
2 EL gehackter Petersilie	
2 Eiern	zu dem Fleisch geben, mit
Salz	
frisch gemahlenem weißen Pfeffer	würzen, gut vermengen, nochmals mit Salz, Pfeffer abschmecken aus dem Fleischteig mit nassen Händen vier Frikadellen formen, in
40 g Semmel- bröseln	wenden
40 g Margarine	erhitzen, die Frikadellen von jeder Seite darin etwa 5 Minuten braten.

Französische Zwiebelsuppe

Für 4 Personen

500 g Zwiebeln	abziehen, halbieren, in dünne Scheiben schneiden
50 g Butter	zerlassen, die Zwiebelscheiben darin andünsten
1 l Fleischbrühe (aus Brühwürfeln) 125 ml (¹⁄₈ l)	hinzugießen, gar kochen lassen
Weißwein	in die Suppe geben, mit
Salz geschrotetem weißem Pfeffer	abschmecken
2 Scheiben Weißbrot	toasten, in sehr kleine Würfel schneiden
30 g Butter	zerlassen, die Weißbrotwürfel darin goldgelb rösten die Zwiebelsuppe in 4 Suppentassen füllen, die Weißbrotwürfel darauf verteilen
50 g geriebenen Parmesan-Käse	darüber geben, im vorgeheizten Grill überbacken, sofort servieren
Kochzeit	etwa 4 Minuten.

Hühnersuppe mit Reis

Für 4 Personen

1 küchenfertiges Suppenhuhn (1 kg)	waschen, zusammen mit
1 TL Suppenwürze	in
2 l kochendes Salzwasser	geben, zum Kochen bringen, gar kochen lassen das Huhn aus der Brühe nehmen
500 g Kartoffeln	schälen, waschen, in Würfel schneiden
1 Bund Suppengrün	putzen, waschen, kleinschneiden
150 g Brühreis (Langkorn)	die 3 Zutaten in die kochende Brühe geben, zum Kochen bringen, gar kochen lassen das Hühnerfleisch von den Knochen lösen, die Haut entfernen, das Fleisch kleinschneiden kurz vor dem Anrichten in die Suppe geben, mit
Salz frisch gemahlenem Pfeffer geriebener Muskatnuß	abschmecken, mit
1 EL gehackter Petersilie	bestreuen
Kochzeit	etwa 2 Stunden.

Italienische Gemüsesuppe

Für 4 Personen

150 g weiße Bohnen kaltem Wasser	12–24 Stunden in einweichen, in dem Einweichwasser mit
Salz	in etwa 1½ Stunden fast weichkochen, Bohnen abtropfen lassen, die Kochflüssigkeit auffangen
100 g durchwachsenen Speck	in Würfel schneiden
1 Zwiebel **2 Knoblauchzehen**	beide Zutaten abziehen, würfeln
einige Basilikum-Blättchen	unter fließendem kaltem Wasser vorsichtig abspülen, trockentupfen, fein hacken
250 g mehligkochende Kartoffeln	schälen, waschen
250 g Möhren	putzen, schälen, waschen beide Zutaten in Würfel schneiden von
250 g Zucchini	die Enden abschneiden, die Zucchini waschen, in Scheiben schneiden
2 Stangen Staudensellerie	putzen, waschen, in dünne Scheiben schneiden
2 Stangen Porree (Lauch)	putzen, längs halbieren, waschen, in dünne Scheiben schneiden
250 g Tomaten	kurze Zeit in kochendes Wasser legen, nicht kochen lassen, in kaltem Wasser abschrecken, enthäuten, die Stengelansätze herausschneiden, die Tomaten vierteln
4 EL Olivenöl	erhitzen, die Speckwürfel darin anbraten, Zwiebel- und Knoblauchwürfel darin glasig dünsten, Kartoffelwürfel und Basilikum hinzufügen, durchdünsten lassen Möhrenwürfel, Zucchinischeiben, Staudensellerie- und Porreescheiben,
200 g Erbsen (tiefgekühlt) **1 Lorbeerblatt**	hinzufügen, das Gemüse gut durchdünsten lassen, die Bohnenflüssigkeit mit
Instant-Fleischbrühe	auf 2 l auffüllen, die gekochten Bohnen hineingeben, zum Kochen bringen, mit
Salz frisch gemahlenem Pfeffer	würzen, im geschlossenen Topf etwa 45 Minuten kochen lassen, etwa 20 Minuten vor Beendigung der Kochzeit das Lorbeerblatt herausnehmen
150 g Langkorn-Reis	unterrühren, in 15–20 Minuten ausquellen lassen, etwa 5 Minuten vor Beendigung der Kochzeit die Tomatenviertel hinzufügen, die gare Gemüsesuppe mit
geriebenem Parmesan-Käse	bestreuen
Garzeit	etwa 1¾ Stunden.

Gulaschsuppe

Für 4 Personen *(Foto)*

300 g Zwiebeln	abziehen, in Scheiben schneiden
1 rote und 1 grüne Paprikaschote (etwa 400 g)	halbieren, entstielen, entkernen, die weißen Scheidewände entfernen, die Schoten waschen, in feine Streifen schneiden
250 g Rindfleisch	unter fließendem kaltem Wasser abspülen, trockentupfen, in kleine Würfel schneiden
60 g Margarine	zerlassen, die Zwiebeln darin hellgelb dünsten lassen, Paprikastreifen,
3 schwach gehäufte EL Tomatenmark	hinzufügen, andünsten, das Fleisch, etwa 250 ml (¼ l) von
1½ l heißem Wasser 2 Brühwürfel Salz Paprika extra scharf Gulasch-Gewürz Knoblauchsalz	hinzufügen, gut umrühren, dünsten lassen, 30 Minuten vor Beendigung der Garzeit das restliche Wasser hinzugießen, gar kochen lassen
3 gestrichene TL Speisestärke mit 2 EL kaltem Wasser	anrühren, die Suppe damit binden, mit
Tabascosauce	abschmecken
Garzeit	etwa 1¼ Stunden.

Abwandlung 300 g geschälte, gewaschene, in kleine Würfel geschnittene Kartoffeln 20 Minuten vor Beendigung der Kochzeit in die Suppe geben.

Rheinischer Suppentopf

Für 4 Personen

375 g Rindfleisch	unter fließendem kaltem Wasser abspülen, trockentupfen, in Würfel schneiden
4–5 EL Pflanzenöl, z.B. von Biskin	erhitzen, das Fleisch darin anbraten
1¼ l Wasser	hinzugießen
4 gestrichene EL Klare Instant-Fleischbrühe	unterrühren, zum Kochen bringen, 15–20 Minuten kochen lassen
1 Sellerieknolle	schälen, waschen, in Würfel schneiden
300 g Grüne Bohnen (TK-Ware) 250 g Kartoffeln	schälen, waschen, in Würfel schneiden
1 Stange Lauch	gründlich waschen, in Ringe schneiden, das Gemüse in die Fleischsuppe geben, weitere 40–50 Minuten kochen lassen, mit
Salz, Pfeffer	abschmecken den Suppentopf mit
feingehackter Petersilie	bestreuen
Garzeit	etwa 1¼ Stunden.

Geschmorte Schweinerippchen

Für 4 Personen

Etwa 1 kg Schweine-rippchen (Schälrippchen)	unter fließendem kaltem Wasser abspülen, trockentupfen, in Portionsstücke schneiden, mit
Salz grob gemahlenem Pfeffer gerebeltem Majoran	einreiben
2 Zwiebeln	abziehen, vierteln
Pflanzenöl, z.B. von Biskin	in einem Schmortopf erhitzen, Rippchen und Zwiebelviertel portionsweise von allen Seiten darin gut anbraten
2 Lorbeerblätter 4 Pimentkörner	hinzufügen
250 ml (¼ l) heißes Wasser 2–3 EL Zitronensaft	hinzugießen, den Schmortopf zugedeckt auf dem Rost in den Backofen schieben, etwa 10 Minuten vor Beendigung der Garzeit das Fleisch ohne Deckel bräunen lassen
Ober-/Unterhitze	200–225 °C (vorgeheizt)
Heißluft	180–200 °C (nicht vorgeheizt)
Gas	Stufe 3–4 (vorgeheizt)
Schmorzeit	55–60 Minuten.

Geschnetzeltes in Sahne-Sauce

Für 2 Personen

500 g schieres Schweinefleisch	unter fließendem kaltem Wasser abspülen, trockentupfen, in hauchdünne Scheibchen schneiden, mit
2 EL Weizenmehl	bestäuben
1 Zwiebel	abziehen, würfeln
1 EL Pflanzenfett, z.B. von Biskin	erhitzen, die Hälfte der Zwiebelwürfel, die Hälfte des Fleisches etwa 2 Minuten unter häufigem Umrühren darin braten lassen, aus der Pfanne nehmen
1 EL Butter	erhitzen, das restliche Fleisch und die restlichen Zwiebelwürfel hineingeben, auf die gleiche Weise zubereiten, das Fleisch warm stellen
1 Zwiebel	abziehen, würfeln
1 EL Butter	zerlassen, die Zwiebelwürfel darin andünsten
200 g Champignons	putzen, in Scheiben schneiden, zu den Zwiebelwürfeln geben, durchdünsten lassen, das Fleisch,
125 ml (⅛ l) Weißwein 250 ml (¼ l) Schlagsahne	hinzufügen, mit
Salz frisch gemahlenem Pfeffer	würzen, das Geschnetzelte etwa 6 Minuten erhitzen, sofort servieren
Garzeit	etwa 15 Minuten.

Hähnchen mit Kräuterfüllung

Für 4 Personen

100 g gekochten Schinken	in Würfel schneiden
1 Bund Petersilie	
1 Päckchen Kresse	beide Zutaten waschen, fein hacken
1 Bund Schnittlauch	waschen, kleinschneiden die vier Zutaten mit
1 Ei	verrühren
4 EL Semmelbrösel	unterrühren, mit
Salz, Pfeffer	würzen
1 Hähnchen (etwa 1200 g)	unter fließendem kaltem Wasser abspülen, trockentupfen, innen und außen mit Salz, Pfeffer einreiben, die Füllung hineingeben, die Öffnung zunähen das Hähnchen mit der Brust nach unten in eine feuerfeste Form legen
1 TL Paprika edelsüß	
40 g zerlassene Butter	verrühren, das Hähnchen mit etwa der Hälfte davon bestreichen die Form ohne Deckel in den Backofen stellen
Ober-/Unterhitze	etwa 200 °C (vorgeheizt)
Heißluft	etwa 180 °C (nicht vorgeheizt)
Gas	etwa Stufe 3 (vorgeheizt)
Bratzeit	etwa 1 Stunde etwa 20 Minuten vor Beendigung der Bratzeit das Hähnchen wenden, mit der restlichen Butter bestreichen.

Hähnchen in Rotwein

Für 4 Personen

1 Hähnchen (1250 g)	unter fließendem kaltem Wasser abspülen, trockentupfen, in vier Teile zerlegen, mit
Salz, Pfeffer	einreiben, dünn mit
3 EL Mehl	bestäuben
20 g Butter	
3 EL Pflanzenöl, z.B. von Biskin	in einem großen Bräter erhitzen, die Hähnchenteile darin rundherum braun anbraten, herausnehmen
200 g Schalotten	abziehen, in dünne Ringe schneiden
300 g kleine Champignons	putzen, im Bratfett mit den Schalotten anbraten, bis diese glasig sind
2 Stengel Bleichsellerie	putzen, waschen, grob würfeln und zugeben, Hähnchenteile in den Topf zurückgeben
250 ml (¼ l) Rotwein	hinzugeben
½ TL Thymian	
1 Lorbeerblatt	in den Topf geben, das Hähnchen 15 Minuten schmoren lassen
1 Hühnerleber	unter fließendem kaltem Wasser abspülen, trockentupfen, in der restlichen Butter etwa 1 Minute braten, etwas abkühlen lassen, durch ein Sieb streichen Hähnchenteile auf einer tiefen Platte anrichten, das Lorbeerblatt entfernen, die Sauce mit der passierten Leber verrühren, um die Hähnchenteile gießen.

Würziger Tomaten-Seelachs

Für 4 Personen *(Foto)*

Etwa 600 g Seelachsfilet	unter fließendem kaltem Wasser abspülen, trockentupfen, mit
Zitronensaft	beträufeln, etwa 15 Minuten stehen lassen
500 g Tomaten	kurze Zeit in kochendes Wasser legen, in kaltem Wasser abschrecken, enthäuten, in Scheiben schneiden
4–5 Zwiebeln	abziehen, in Ringe schneiden
1–2 EL Pflanzenöl, z.B. von Biskin	erhitzen, die Zwiebelringe darin andünsten den Fisch trockentupfen, mit
scharfem Senf	bestreichen, in etwa 3 cm breite Streifen schneiden in eine mit
Margarine	gefettete Auflaufform abwechselnd fächerartig Tomaten, Fisch, Zwiebelringe einschichten, dabei jede Schicht mit
Salz frisch gemahlenem Pfeffer Kerbel	bestreuen
3 EL geriebenen Gouda	darüber verteilen die Form auf dem Rost in den Backofen schieben
Ober-/Unterhitze	200–225 °C (vorgeheizt)
Heißluft	180–200 °C (nicht vorgeheizt)
Gas	Stufe 4–5 (vorgeheizt)
Dünstzeit	25–30 Minuten.
Beigabe	Petersilien-Kartoffeln.

Heringssalat

Für 2 Personen

250 g Kartoffeln	waschen, in
Wasser	zum Kochen bringen, etwa 20 Minuten kochen, abgießen, pellen, würfeln
250 g Rote Bete	in kaltem Wasser bürsten, mit der Schale in Wasser zum Kochen bringen, etwa 1 Stunde kochen, abgießen, pellen, würfeln
250 g Äpfel	schälen, das Kerngehäuse entfernen, die Äpfel würfeln
250 g Gewürzgurken 250 g Matjesfilets	würfeln
1 Zwiebel	abziehen, fein hacken, mit
¼ TL Salz	bestreuen, 10 Minuten stehenlassen, anschließend mit
1 TL Senf ½ TL Zucker 2 EL Apfelessig	verrühren
5 EL Schlagsahne	unterrühren, vorsichtig mit den anderen Zutaten vermengen den Salat am besten über Nacht durchziehen lassen, vor dem Servieren mit
Eischeiben Petersiliensträußchen	garnieren.

Mangold-Creme-Suppe

Für 4 Personen

	Von
2 Stauden Mangold (etwa 800 g)	den Strunk abschneiden, die einzelnen Blätter waschen, von den Blattrippen lösen Rippe in 2 cm breite Stücke schneiden, mit der Hälfte der Blätter in
750 ml (³/₄ l) Gemüsebrühe	geben, mit
frisch gemahlenem Pfeffer geriebener Muskatnuß	würzen
1 Zwiebel	abziehen, vierteln, in die Brühe geben, die Rippchen in etwa 35 Minuten weich kochen, Zwiebel entfernen, Suppe mit dem Pürierstab oder im Mixer fein pürieren
30 g Butter 30 g Weizenmehl	erhitzen hinzugeben, verkneten, zu kleinen Kugeln formen, in die kochende Suppe rühren, unter ständigem Rühren etwa 5 Minuten kochen, bis die Kugeln sich vollständig aufgelöst haben
250 ml (¹/₄ l) Schlagsahne	unterziehen
50 g Roquefort	zerkleinern, zufügen die restlichen Mangoldblätter in sehr feine Streifen schneiden, in der Suppe noch etwa 5 Minuten ziehen lassen und servieren.

Möhren-Creme-Suppe

Für 2 Personen

400 g Möhren	putzen, schälen, waschen
2 große Kartoffeln (etwa 175 g)	schälen, waschen
1 Stück Sellerieknolle	schälen, waschen
2–3 Zwiebeln	abziehen die vier Zutaten in Würfel schneiden
1–2 EL Butter	zerlassen, die Zwiebelwürfel darin andünsten, das Gemüse hinzufügen, durchdünsten lassen
1 l Salzwasser	hinzugießen, mit
frisch gemahlenem Pfeffer	würzen, zum Kochen bringen, etwa 12 Minuten kochen lassen, die Suppe pürieren
¹/₂ Becher (75 g) Crème fraîche	unterrühren, die Möhren-Creme-Suppe mit Pfeffer,
Salz	abschmecken
1 EL gehackten Dill	unterrühren kurz vor dem Servieren
Butter	in Flöckchen auf die Suppe geben.

Spinatsuppe mit Ei

Für 2 Personen

1 große Zwiebel	abziehen, fein würfeln
2 EL Butter	zerlassen, die Zwiebelwürfel darin andünsten
300 g tiefge-kühlten Spinat	hinzufügen
750 ml (³/₄ l) Fleischbrühe	hinzugießen, den Spinat in etwa 30 Minuten gar dünsten lassen
3 EL Crème fraîche **5 EL frisch geriebenen Parmesan-Käse**	unterrühren, mit
Salz frisch gemahlenem Pfeffer gemahlener Muskatnuß	würzen, die Spinatsuppe in vier vorgewärmte Suppentassen geben
4 Eigelb	darauf verteilen und die Suppe sofort servieren.

Tomatensuppe

Für 4 Personen

125 g durch-wachsenen Speck	in Würfel schneiden
1 EL Pflanzenöl	erhitzen, die Speckwürfel darin ausbraten
1 Zwiebel **1 Knoblauchzehe**	beide Zutaten abziehen, würfeln, in dem Speckfett andünsten
1 kg reife Tomaten	waschen, abtrocknen, die Stengelansätze entfernen, die Tomaten in Stücke schneiden, in dem Speckfett andünsten, mit
Salz frisch gemahlenem Pfeffer	würzen
1 EL gehackte Majoran-blättchen **1 EL gehackte Basilikum-blättchen** **500 ml (½ l) Wasser**	hinzugeben, zum Kochen bringen, etwa 10 Minuten kochen lassen die Tomaten mit der Flüssigkeit durch ein Sieb streichen, die Suppe erhitzen
1 Eigelb **1 gehäuften TL Speisestärke** **1 EL Wasser**	mit verschlagen, die Suppe damit binden
1 EL gehackte Basilikum-blättchen	unterrühren, die Tomatensuppe mit Salz, Pfeffer,
Zucker	abschmecken, auf 4 Suppentassen verteilen, je 1 Teelöffel von
4 TL Crème fraîche	auf jede Portion geben.

Nudeln mit Hackfleischsauce

Für 4 Personen (Foto)

400 g Eier-Röhrennudeln	in reichlich Salzwasser zum Kochen bringen, bißfest darin garen
300 g Rinderhackfleisch	in
3–4 EL Olivenöl	scharf anbraten
3–4 Knoblauchzehen	abziehen, durch die Presse drücken
2 frische rote Chilischoten	in feine Ringe schneiden
40 g frische Ingwerwurzel	schälen, in feine Streifen schneiden
1 TL Speisestärke	mit
1 EL Sherry	verrühren, alles zusammen mit
1 EL Honig	
1–2 EL süßer Sojasauce	
150 ml Brühe	unter das Hackfleisch mischen, kurz durchkochen lassen
400 g Tomaten	kurze Zeit in kochendes Wasser legen, nicht kochen lassen, in kaltem Wasser abschrecken, enthäuten, die Stengelansätze herausschneiden, achteln, in die Hackfleischsauce geben
1 Bund Kerbelblättchen	waschen, trockentupfen, die Blättchen von den Stengeln zupfen, über das Hackfleisch geben
100 g Sojasprossen	in die Sauce geben und erwärmen, mit
Salz, Pfeffer Currypulver	abschmecken, zusammen mit den Nudeln servieren.

Überbackene Fettuccine

Für 4 Personen

200 g Bandnudeln (Fettuccine)	in
1½ l kochendes Salzwasser	geben, zum Kochen bringen, ab und zu umrühren, etwa 8 Minuten kochen lassen, auf ein Sieb geben, mit kaltem Wasser übergießen, abtropfen lassen
2 Zwiebeln	
1 Knoblauchzehe	beide Zutaten abziehen, würfeln,
1 EL Butter	zerlassen, Zwiebel- und Knoblauchwürfel darin glasig dünsten
500 g Gehacktes	hinzufügen, unter Rühren darin anbraten, dabei die Fleischklümpchen etwas zerdrücken das Hackfleisch mit
Salz, Pfeffer Paprika edelsüß Thymian	würzen
500 g Tomaten	waschen, die Stengelansätze entfernen, die Tomaten in Stücke schneiden, zu dem Hackfleisch geben, etwa 5 Minuten mitschmoren lassen, mit Salz, Pfeffer, Paprika würzen, $2/3$ der Nudeln in eine gefettete feuerfeste Form füllen, die Hackfleischmasse darauf geben, mit den restlichen Nudeln bedecken
100 g Käse	reiben, darüber streuen
Butter	in Flöckchen darauf setzten, die Form auf dem Rost in den Backofen schieben
Ober-/Unterhitze	225 -250 °C (vorgeheizt)
Heißluft	200–220 °C (nicht vorgeheizt)
Gas	Stufe 5–6 (vorgeheizt)
Backzeit	35–40 Minuten.

Hähnchen mit Leberfüllung

Für 4 Personen

1 küchenfertiges Hähnchen (etwa 1,2 kg)	unter fließendem kaltem Wasser abspülen, trockentupfen.

Für die Füllung

½ Brötchen	in kaltem Wasser einweichen, gut ausdrücken
1 mittelgroße Zwiebel	abziehen, würfeln
1 EL Margarine	zerlassen, die Zwiebel darin glasig dünsten lassen
1 Hähnchenleber 250 g Geflügelleber	unter fließendem kaltem Wasser abspülen, trockentupfen, evtl. Haut entfernen, die Leber zu der Zwiebel geben, rundherum anbraten, abkühlen lassen, mit dem Brötchen,
1 EL Semmelbröseln 1 Ei	verrühren, mit
Salz, Pfeffer Thymian	würzen, die Bauchhöhle des Hähnchens mit Salz, Pfeffer ausstreuen, die Füllung hineingeben, das Hähnchen zunähen, rundherum mit Salz, Pfeffer,
Paprika edelsüß Currypulver	bestreuen, mit dem Rücken nach oben in eine längliche, feuerfeste Form legen, das Hähnchen mit der Hälfte von
1 EL zerlassenem Pflanzenfett, z.B. von Biskin	bestreichen

	die Form ohne Deckel in den Backofen stellen
Ober-/Unterhitze	etwa 200 °C (vorgeheizt)
Heißluft	etwa 180 °C (nicht vorgeheizt)
Gas	etwa Stufe 3 (vorgeheizt)
Bratzeit	etwa 1 Stunde das Hähnchen nach 25–30 Minuten Bratzeit wenden, mit dem restlichen Fett bestreichen.

Für die Sauce

	den Bratensatz mit Wasser lösen, in einen Topf geben, evtl. mit Wasser auffüllen, zum Kochen bringen
1–2 EL Weizenmehl	mit
3–4 EL kaltem Wasser	anrühren, unter Rühren in die Flüssigkeit geben, zum Kochen bringen, etwa 5 Minuten kochen lassen, die Sauce evtl. mit Salz, Pfeffer abschmecken, zu dem Hähnchen reichen
Beilage	Reis.

Hähnchen-Gulasch

Für 2 Personen

300 g Zwiebeln	abziehen, in Scheiben schneiden
50 g Pflanzenfett, z.B. von Biskin	erhitzen, die Zwiebeln darin dünsten
2 EL Paprika edelsüß	darüberstreuen, mitdünsten lassen
1 großes Hähnchenbrustfilet	unter fließendem kaltem Wasser abspülen, trockentupfen,

	enthäuten, in etwa 3 cm große Würfel schneiden
300 g rote Paprikaschoten	halbieren, entstielen, entkernen, die weißen Scheidewände entfernen, die Schoten waschen, in etwa 2 cm große Würfel schneiden
400 g Tomaten (aus der Dose)	abtropfen lassen, die Flüssigkeit auffangen, die Tomaten in Stücke schneiden, das Fleisch, Gemüse und die Tomatenflüssigkeit zu den gedünsteten Zwiebeln geben, mit
1 EL körniger Instant-Fleischbrühe Salz gemahlenem Kümmel	würzen
2 Lorbeerblätter	dazugeben, das Gulasch 20 Minuten zugedeckt schmoren lassen, die Lorbeerblätter entfernen
1 Bund Petersilie	waschen, abtrocknen, fein hacken
2 Gewürzgurken	in kleine Würfel schneiden beide Zutaten zu dem Gulasch geben, miterhitzen, das Gulasch in eine vorgewärmte Schüssel füllen
2 Eier	hartkochen, pellen, hacken, über das Gulasch streuen
Schmorzeit	etwa 25 Minuten.

Hähnchenkeulen in Sherry-Sauce

Für 2 Personen

2 Hähnchenkeulen	unter fließendem kaltem Wasser abspülen, trockentupfen, mit
Salz frisch gemahlenem Pfeffer	einreiben
2 EL Butter	erhitzen, die Keulen von allen Seiten darin braten, die garen Hähnchenkeulen auf einer vorgewärmten Platte anrichten, warm stellen
1 Zwiebel	abziehen, würfeln, in dem Bratfett dünsten lassen
2 EL Weizenmehl	dazugeben, unter Rühren etwas bräunen lassen, mit
2 TL Currypulver	bestäuben
250 ml (¼ l) heiße Instant-Fleischbrühe	hinzugießen, mit einem Schneebesen durchschlagen, darauf achten, daß keine Klumpen entstehen, die Sauce zum Kochen bringen, etwa 5 Minuten kochen lassen
125 ml (⅛ l) Schlagsahne	unterrühren, erhitzen (nicht mehr kochen), in die Sauce
100–125 ml Sherry medium	geben, einen Teil der Sauce über die Hähnchenkeulen geben, die übrige Sauce dazureichen
Garzeit	25–30 Minuten.
Beilage	Butterreis, Radicchio-Salat.

Zwiebelblätterteigstrudel

Für 4 Personen *(Foto)*

1 Packung TK-Blätterteig (300 g)	auftauen
500 g Zwiebeln	abziehen, in dünne Ringe schneiden
100 g durchwachsenen Speck	fein würfeln, in einer heißen Pfanne mit
Pflanzenöl	ausbraten, die Zwiebeln und
1 TL Kümmel	dazugeben, weich dünsten lassen die Zwiebeln auskühlen lassen
200 g Crème fraîche	
2 Eigelb	daruntermischen, mit
Salz, Pfeffer	abschmecken, die Blätterteigscheiben aufeinander legen, zu einem Rechteck legen, mit
2 EL Semmelbröseln	bestreuen, die Zwiebelmasse darauf verteilen, dabei jeweils einen Rand von 2 cm freilassen den Strudel von der Längsseite her aufrollen, mit der Nahtstelle nach unten auf ein kalt abgespültes Blech legen.

Zum Bestreichen

1 Eigelb	mit
2 EL Schlagsahne	verquirlen, den Strudel damit bestreichen, das Backblech in den Backofen schieben
Ober-/Unterhitze	200 °C (vorgeheizt)
Heißluft	180 °C (nicht vorgeheizt)
Gas	Stufe 4 (vorgeheizt)
Garzeit	20 Minuten.

Feiner bunter Kartoffelsalat

Für 4 Personen

750 g Salatkartoffeln	waschen, in so viel
Wasser	zum Kochen bringen, daß die Kartoffeln bedeckt sind, in 20–25 Minuten gar kochen lassen, abgießen, abdämpfen, heiß pellen, erkalten lassen
3 hartgekochte Eier	pellen
2 mittelgroße Zwiebeln	abziehen
etwa 300 g Fleischwurst	enthäuten
1 großen, säuerlichen, roten Apfel	waschen, vierteln, entkernen
3–4 Gewürzgurken	alle Zutaten in kleine Würfel schneiden.

Für die Salatsauce

4–5 EL Pflanzenöl, z.B. von Biskin	mit
2 EL Kräuteressig	
1 TL scharfem Senf	
Salz, Pfeffer	
Zucker	verrühren, die Salatsauce mit den Salatzutaten vermengen
2 EL gehackte Petersilie	unterrühren, den Kartoffelsalat einige Stunden durchziehen lassen.

Zuckererbsentopf

Für 4 Personen (Foto)

400 g Schweine-nacken	unter fließendem kaltem Wasser abspülen, trockentupfen, in feine Streifen schneiden
3 EL Pflanzenöl, z.B. von Biskin	erhitzen, die Fleischstreifen unter Rühren etwa 3 Minuten darin braten, mit
Salz frisch gemahlenem Pfeffer	würzen, aus dem Topf nehmen
1 EL Speiseöl	zu dem Bratfett geben
3–4 Zwiebeln	abziehen, würfeln, in dem Bratfett andünsten, von
200 g Zuckererbsen (Zuckerschoten)	die Enden abschneiden, die Schoten waschen, abtropfen lassen, zu den Zwiebelwürfeln geben
1 Basilikum-zweig	vorsichtig abspülen, mit
125 ml (⅛ l) Wasser Salz, Pfeffer	hinzufügen, im geschlossenen Topf etwa 3 Minuten schmoren lassen
2 Fleischtomaten (etwa 400 g)	kurze Zeit in kochendes Wasser legen, nicht kochen lassen, in kaltem Wasser abschrecken, enthäuten, die Stengelansätze herausschneiden, die Tomaten halbieren, in Würfel schneiden, zu den Zuckererbsen geben, etwa 3 Minuten mitschmoren lassen,

die gebratenen Fleischstreifen hinzugeben

3 EL Sojasauce	unterrühren, den Zuckererbsen-topf 2–3 Minuten durchschmoren lassen, mit Salz, Pfeffer abschmecken, sofort servieren
Schmorzeit	etwa 15 Minuten.

Königinsuppe

Für 4 Personen

40 g Butter	zerlassen
40 g Weizen-mehl	unter Rühren so lange darin erhitzen, bis es hellgelb ist
1 l Hühnerbrühe	hinzugießen, mit einem Schnee-besen durchschlagen, zum Kochen bringen, etwa 10 Minuten kochen lassen
200 g gekochtes Hühnerfleisch	in Würfel schneiden
8–10 Mandeln	abziehen, mahlen
100 g gare Blumenkohl-röschen oder Spargelköpfe	die Zutaten in die Suppe geben
1 Eigelb 125 ml (⅛ l) Milch	mit verschlagen, die Suppe damit abziehen, mit
Fleischextrakt oder Suppenwürze	abschmecken
Kochzeit	15–20 Minuten.

Überbackene Käsekartoffeln

Für 4 Personen (Foto)

800 g Kartoffeln	waschen, mit der Schale etwa 25 Minuten kochen, abkühlen lassen.
	Für die Füllung
200 g Bresso-Frischkäse mit Kräutern	
100 g Gorgonzola	in eine Schüssel geben, mit Handrührgerät mit Rührbesen verrühren
100 g gekochten mageren Schinken	in sehr kleine Würfel schneiden
1 Eigelb	mit
1 TL Kümmel	verrühren, mit den Schinkenwürfeln unter die Käsemasse heben, mit
Salz frisch gemahlenem Pfeffer	abschmecken die Kartoffeln mit der Schale der Länge nach halbieren, die Kartoffelhälften mit einem Teelöffel etwas aushöhlen, das Ausgehöhlte mit einer Gabel zerdrücken und unter die Käse-Schinken-Masse mischen, die Kartoffelhälften damit füllen, die gefüllten Kartoffelhälften in eine Auflaufform geben und auf dem Rost in den Backofen schieben
Ober-/Unterhitze	220 °C (vorgeheizt)
Heißluft	200 °C (nicht vorgeheizt)
Gas	Stufe 4–5 (vorgeheizt)
Garzeit	15 Minuten.

Kartoffelauflauf mit Hackfleisch

Für 4 Personen

750 g Kartoffeln Salzwasser	waschen, in zum Kochen bringen, in 20–25 Minuten gar kochen lassen, abgießen, abdämpfen, heiß pellen, erkalten lassen, in Scheiben schneiden
4 Stangen Porree (etwa 500 g)	putzen, das dunkle Grün bis auf etwa 10 cm entfernen, Porree in Scheiben schneiden, waschen, in kochendes Salzwasser geben, zum Kochen bringen, 2–3 Minuten kochen, abtropfen lassen
2 Zwiebeln 2 Knoblauchzehen	beide Zutaten abziehen, würfeln
2 EL Pflanzenöl	erhitzen, Zwiebel- und Knoblauchwürfel darin glasig dünsten lassen
500 g Gehacktes	unter Rühren darin braun braten lassen, dabei die Fleischklümpchen zerdrücken, das Hackfleisch mit
Salz, Pfeffer Cayennepfeffer	würzen
250 g saure Sahne	mit
2 EL gehackter Petersilie	verrühren, mit Salz, Pfeffer würzen eine feuerfeste Form ausfetten, Kartoffelscheiben, Lauchringe, Sahne, Hackfleischmasse schichtweise hineingeben
50 g Käse	darüber streuen
Butter	in Flöckchen darauf setzen
Ober-/Unterhitze	etwa 200 °C (vorgeheizt)
Heißluft	etwa 180 °C (nicht vorgeheizt)
Gas	etwa Stufe 4 (vorgeheizt)
Backzeit	etwa 30 Minuten.

Tomaten-Lauch-Salat

Für 2 Personen

2 Stangen Porree (Lauch, etwa 300 g)	putzen, das dunkle Grün bis auf etwa 10 cm entfernen, Lauch in Ringe schneiden, gründlich waschen, in
wenig kochendes Salzwasser	geben, zum Kochen bringen, in 6–8 Minuten gar dünsten, abtropfen, erkalten lassen
3 Tomaten	kurze Zeit in kochendes Wasser legen (nicht kochen lassen), in kaltem Wasser abschrecken, enthäuten, die Stengelansätze entfernen, die Tomaten in Achtel oder Scheiben schneiden
1 Zwiebel	abziehen, in Scheiben schneiden, in Ringe teilen.

Für die Salatsauce

3 EL Pflanzenöl	mit
1 EL Essig	
½ TL Senf	
Salz	
frisch gemahlenem Pfeffer	
Zucker	verrühren
1 hartgekochtes Ei	pellen, das Eigelb und das Eiweiß getrennt hacken das Eigelb unter die Salatsauce heben, die Salatsauce über die Salatzutaten geben, das Eiweiß über den Salat streuen.

Tomaten-Omelette

Für 4 Personen

1200 g Tomaten	an der Oberseite einritzen, kurz in heißes Wasser legen, nicht kochen lassen, in kaltem Wasser abschrecken, die Stengelansätze herausschneiden, die Tomaten enthäuten, achteln, entkernen je ein Viertel der Tomaten in eine Pfanne geben, mit
Salz frisch gemahlenem Pfeffer	bestreuen, unter Rühren einkochen lassen
30 g Knoblauch-butter	in Flöckchen zerteilen, hinzufügen, dabei mehrmals umrühren
4 mal 2 Eier	gut verquirlen, Salz, Pfeffer hinzugeben, nochmals verrühren, bei geringer Hitze stocken lassen, auf diese Weise die Omelettes zubereiten, warm stellen, in der Zwischenzeit das Tomateninnere pürieren, durch ein Sieb streichen, in einem Saucenpfännchen erhitzen, mit Salz, Pfeffer und
Zitronensaft	abschmecken, die Tomatensauce getrennt zu den Omelettes reichen.

Überbackene Zucchini

Für 4 Personen

2 große Zucchini	waschen, abtrocknen, der Länge nach halbieren, das Fruchtfleisch mit einem Löffel bis auf einen dünnen Rand herausschaben und fein würfeln, die ausgehöhlten Zucchinihälften in
wenig kochendes Salzwasser	geben, zum Kochen bringen, in etwa 5 Minuten, knapp gar dünsten, herausnehmen, gut abtropfen lassen
2 kleine Zwiebeln oder Schalotten	abziehen, fein würfeln
1 rote Paprikaschote	halbieren, entstielen, entkernen, die weißen Scheidewände entfernen, die Schote waschen, in Würfel schneiden
80 g schwarze Oliven	entkernen, grob hacken
30 g Pflanzenfett, z.B. von Biskin	erhitzen, Zwiebel-, Paprika- und Zucchiniwürfel darin andünsten, die Oliven hinzufügen, mitdünsten lassen, mit
Salz frisch gemahlenem weißen Pfeffer	würzen
3 EL gehackte Kräuter (Basilikum, Oregano, Rosmarin, Kerbel)	unterrühren, die Gemüsemasse in die ausgehöhlten Zucchinihälften füllen, mit
200 g frisch geriebenem Parmesan-Käse	bestreuen, nach Belieben
Butterflöckchen	darauf setzen, die Zucchini nebeneinander in eine längliche gefettete Auflaufform setzen, die Form auf dem Rost in den Backofen schieben, die Zucchini goldbraun überbacken
Ober-/Unterhitze	225–250 °C (vorgeheizt)
Heißluft	200–220 °C (nicht vorgeheizt)
Gas	Stufe 5–6 (vorgeheizt)
Backzeit	20–25 Minuten.

Pellkartoffeln mit Kräuterquark

Für 4 Personen

1 kg Kartoffeln	waschen, in
Salzwasser	zum Kochen bringen, gar kochen lassen, abgießen, die Kartoffeln im offenen Topf unter öfterem Schütteln abdämpfen lassen.

Für den Kräuterquark

500 g Speisequark	mit
125 ml (⅛ l) Schlagsahne	verrühren
1 Bund Schnittlauch 1 Bund Petersilie	waschen, fein hacken, unter den Quark rühren, mit
Salz, Pfeffer	abschmecken den Kräuterquark schaumig rühren, die Kartoffeln etwas aufdrücken, jeweils 1 Eßlöffel Kräuterquark hineingeben.

Gefüllte Kartoffeln vom Blech

Für 4 Personen (Foto)

8 große Kar- toffeln à 150 g	unter fließendem Wasser abbürsten, in Salzwasser etwa 25–30 Minuten garen
4 Vollkorn- zwiebäcke	zerbröseln
4 Tomaten	kurze Zeit in kochendes Wasser legen, nicht kochen lassen, in kaltem Wasser abschrecken, enthäuten, die Stengelansätze herausschneiden, die Tomaten vierteln, entkernen und das Fruchtfleisch würfeln
2 Frühlings- zwiebeln	abziehen, halbieren, fein schneiden
220 g Käse	würfeln
1 Ei	verquirlen, alles mit dem Ei vermischen, die garen Kartoffeln abgießen, jeweils einen Deckel abschneiden, die Kartoffeln aushöhlen, Kartoffelinneres zerdrücken, unter die Füllung mischen, die Kartoffeln damit füllen, die gefüllten Kartoffeln auf ein gefettetes Backblech legen, in den Ofen schieben
Ober-/Unterhitze	200 °C (vorgeheizt)
Heißluft	180 °C (nicht vorgeheizt)
Gas	Stufe 4 (vorgeheizt)
Backzeit	etwa 25 Minuten.

Zucchini-Gratin

Für 4 Personen

1 kg kleine Zucchini	waschen, die Stengelansätze abschneiden, die Zucchini grob raspeln, auf ein Küchentuch geben, das Tuch aufrollen, die Zucchiniflüssigkeit auspressen
2 Knoblauch- zehen	abziehen, zerdrücken, mit
3 EL Pflanzenöl, z.B. von Biskin	vermengen, unter die Zucchini rühren
3 Eier **100 g geriebenem Emmentaler- Käse** **1 Becher (150 g) Crème fraîche**	mit verschlagen, mit
1½ TL Salz Pfeffer	würzen
1 EL Rosmarin- blättchen **1 EL Bohnen- krautblättchen**	die Kräuter fein hacken, unterrühren, die Eiermasse mit den Zucchiniraspeln vermengen, in eine gefettete Pie-Form füllen, mit
geschälten Sonnen- blumenkernen	bestreuen, die Form auf dem Rost in den Backofen schieben
Ober-/Unterhitze	etwa 200 °C (vorgeheizt)
Heißluft	etwa 180 °C (nicht vorgeheizt)
Gas	etwa Stufe 3 (vorgeheizt)
Backzeit	etwa 30 Minuten.

Chinakohl-Eintopf

Für 4 Personen *(Foto)*

	Von
2 Stauden Chinakohl (etwa 750 g)	die welken Blätter entfernen, den Kopf halbieren, den Strunk herausschneiden, den Kohl waschen, in schmale Streifen schneiden
2–3 Zwiebeln (etwa 150 g)	abziehen, fein würfeln
250 g Tomaten	kurze Zeit in kochendes Wasser legen, nicht kochen lassen, in kaltem Wasser abschrecken, enthäuten, die Stengelansätze herausschneiden, die Tomaten in Scheiben schneiden
250 g Kartoffeln	schälen, waschen, in Würfel schneiden
40 g Butter	zerlassen, die Zwiebelwürfel darin goldgelb dünsten
375 g Gehacktes (halb Rind-, halb Schweinefleisch)	hinzufügen, kurze Zeit miterhitzen, mit
Salz frisch gemahlenem Pfeffer	würzen, Chinakohlstreifen, Tomatenscheiben, Kartoffelwürfel,
250 ml (¼ l) Wasser	dazugeben, gar schmoren lassen den Eintopf mit Salz, Pfeffer,
etwa 2 EL Tomaten-Ketchup	abschmecken
Schmorzeit	etwa 45 Minuten.

Nudel-Eintopf

Für 4 Personen

	Für die Fleischklößchen
1 Brötchen	in kaltem Wasser einweichen, gut ausdrücken
250 g Gehacktes	mit dem Brötchen,
1 Ei	vermengen, mit
Salz frisch gemahlenem Pfeffer Paprika edelsüß	würzen, aus der Masse Klößchen formen.
	Für den Eintopf
1 Zwiebel	abziehen, fein würfeln
3 EL Speiseöl	erhitzen, die Zwiebelwürfel darin andünsten
2 Paprikaschoten	halbieren, entstielen, entkernen, die weißen Scheidewände entfernen, die Schoten waschen, in Streifen schneiden
etwa 250 g enthäutete Fleischtomaten	in Würfel schneiden, beide Zutaten zu den Zwiebelwürfeln geben, mitdünsten lassen
1¼ l Instant-Fleischbrühe	hinzugießen, zum Kochen bringen, etwa 15 Minuten kochen lassen
150 g Hörnchen-Nudeln	mit den Fleischklößchen in den Eintopf geben, in 8–10 Minuten gar ziehen lassen, mit Salz, Pfeffer abschmecken.

Schellfisch mit Schnittlauch-Senf-Sauce

Für 2 Personen (Foto)

2 Scheiben Schellfisch à 150 g	unter fließendem kaltem Wasser abspülen, trockentupfen, mit
Zitronensaft	beträufeln Wasser erhitzen, den Fisch etwa 10 Minuten gar ziehen lassen
2 EL Sonnenblumenkerne	in einer beschichteten Pfanne ohne Fett rösten
1 EL Crème fraîche	mit
1–2 EL Fischfond	erhitzen, gut verrühren
1 TL Senf	unterrühren, mit
Salz frisch gemahlenem Pfeffer	würzen
2 EL Schnittlauchröllchen	und 1 Eßlöffel geröstete Sonnenblumenkerne unterrühren, kurz miterhitzen
1 Bund Radieschen	putzen, waschen und raspeln, mit den restliche Sonnenblumenkernen vermischen, mit
Zitronensaft	und Salz würzen den Schellfisch mit der Schnittlauch-Senf-Sauce anrichten dazu Pellkartoffeln und die Radieschen-Rohkost servieren.

Fischstäbchensalat „Geestemünde"

Für 4 Personen

100 g Brühreis in 1 l kochendes Salzwasser	geben, zum Kochen bringen, in etwa 20 Minuten ausquellen lassen, auf ein Sieb geben, mit kaltem Wasser abspülen, abtropfen lassen
100 g Erbsen (tiefgekühlt)	nach der Vorschrift auf der Packung gar kochen, abtropfen lassen
2–3 EL Margarine	erhitzen
15 tiefgekühlte Fischstäbchen	unaufgetaut hineingeben, etwa 10 Minuten braten, erkalten lassen, jeweils in 2–3 Stücke schneiden
1 rote Paprikaschote	halbieren, entstielen, entkernen, die weißen Scheidewände entfernen, die Schoten waschen, in Würfel schneiden
1 Zwiebel	abziehen, in Ringe schneiden.

Für die Salatsauce

2–3 EL Pflanzenöl	mit
1–2 EL Essig	
1 TL Senf	
Salz, Pfeffer	
2 EL Kräuter (tiefgekühlt)	verrühren, Reis, Erbsen, Paprikastücke und Zwiebelringe mit der Sauce vermengen, die Fischstücke unterheben, evtl. nochmals mit Salz, Pfeffer abschmecken.

Zucchini-Kartoffel-Gratin

Für 2 Personen

250 g Kartoffeln	schälen, waschen, in dünne Scheiben schneiden
1 kleine Zucchini (etwa 250 g)	waschen, trockentupfen, den Stielansatz abschneiden, die Zucchini in Scheiben schneiden, eine Auflaufform mit
Butter	ausfetten, die Kartoffel- und Zucchinischeiben schichtweise hineingeben, jede Schicht mit
frisch gemahlenem Pfeffer geriebener Muskatnuß	würzen
1 Knoblauchzehe	abziehen, mit
1 TL Salz	zu einer Paste zerreiben
½ Bund Thymian	verlesen, unter fließendem kaltem Wasser abspülen, trockentupfen, die Blättchen von den Stengeln zupfen, fein hacken
200 ml Schlagsahne	steif schlagen, den Knoblauch mit dem Thymian unter die Sahne heben, die Sahne gleichmäßig über dem Auflauf verteilen den Auflauf mit
Butterflöckchen	belegen, die Auflaufform auf dem Rost in den Backofen schieben
Ober-/Unterhitze	200 °C (vorgeheizt)
Heißluft	180 °C (nicht vorgeheizt)
Gas	Stufe 4 (vorgeheizt)
Backzeit	30 Minuten den Auflauf mit 1 Teelöffel gehacktem Thymian bestreut servieren.

Zwiebel-Lauch-Pizza

Für 4 Personen

Für den Teig

250 g Weizen-vollkornmehl	in eine Rührschüssel geben, mit
½ Päckchen Trocken-Backhefe	sorgfältig mischen
1 TL gemahlenen Kümmel 70 g geriebenen Emmentaler 1 TL Meersalz 60 ml lauwarmes Wasser 1 Ei 50 g zerlassene, abgekühlte Butter	hinzufügen alle Zutaten mit Handrührgerät mit Knethaken zu einem geschmeidigen Teig verarbeiten, an einem warmen Ort so lange gehen lassen, bis er sich sichtbar vergrößert hat, ihn dann auf höchster Stufe nochmals kräftig durchkneten, ⅔ des Teiges auf den gefetteten Boden einer Springform (Durchmesser etwa 28 cm) ausrollen, den Rest des Teiges zu einer Rolle formen, sie als Rand auf den Teigboden legen, so an die Form drücken, daß ein 2–3 cm hoher Rand entsteht.

Für den Belag

150 g Zwiebeln	abziehen, waschen, in dünne

40 g Butter	Ringe schneiden, in glasig dünsten
200 g Lauch	putzen, waschen, in Ringe schneiden
4 EL Wasser	
1 TL Instant-Klare Brühe	hinzufügen, die Zutaten etwa 12 Minuten dünsten
1 TL frischen Majoran	
2 TL frischen Thymian	
½ TL frischen Rosmarin	fein hacken
1 Messerspitze weißen Pfeffer	
Meersalz	dazu geben, pikant abschmecken die Hälfte von
120 g geriebenen Gouda-Käse	auf den Boden der Springform verteilen, das abgekühlte Gemüse darüber verteilen
80 g geröstete Erdnüsse	den restlichen Käse darüber verteilen.

Für den Guß

4 Eier	
100 g Crème fraîche	
½ TL Kräutersalz	miteinander verrühren, über die Masse gießen, die Form auf dem Rost in den Backofen schieben
Ober-/Unterhitze	etwa 200 °C (vorgeheizt)
Heißluft	etwa 180 °C (nicht vorgeheizt)
Gas	Stufe 3–4 (vorgeheizt)
Backzeit	40–50 Minuten.

Zwiebeltorte

Für 4 Personen

1 kg Gemüsezwiebeln	abziehen, würfeln
2 EL Pflanzenöl, z.B. von Biskin	erhitzen, die Zwiebelwürfel darin etwa 15 Minuten dünsten lassen, mit
Meersalz frisch gemahlenem Pfeffer gerebeltem Thymian	würzen, etwas abkühlen lassen, mit
2 Knoblauchzehen	abziehen, zerdrücken, mit
400 g Magerquark	
2 Eiern	verrühren von
12 großen Mangoldblättern	die Stiele entfernen, die Blätter waschen, in
kochendes Salzwasser	geben, zum Kochen bringen, 2–3 Minuten kochen, abtropfen lassen eine gefettete flache, feuerfeste Form mit den Mangoldblättern auslegen, die Quark-Zwiebel-Masse einfüllen, glattstreichen die Form auf dem Rost in den Backofen schieben
Ober-/Unterhitze	etwa 200 °C (vorgeheizt)
Heißluft	etwa 180 °C (nicht vorgeheizt)
Gas	etwa Stufe 3 (vorgeheizt)
Backzeit	etwa 40 Minuten.

Altdeutsche Kartoffelsuppe

Für 4 Personen   (Foto)

700 g mehlig-kochende Kartoffeln	schälen, waschen
3 Möhren	putzen, schälen, waschen
1 Stück Sellerie	schälen, waschen, die drei Zutaten in kleine Würfel schneiden
50 g Butter	zerlassen, Möhren- und Selleriewürfel darin kurz andünsten, mit den Kartoffelwürfeln in
1½ l Fleischbrühe	geben
1 Zwiebel	abziehen, mit
1 Lorbeerblatt	
1 Nelke	spicken, die Zwiebel in die Brühe geben, zum Kochen bringen, zugedeckt etwa 20 Minuten kochen lassen
1 Stange Porree	putzen, gründlich waschen, in Scheiben schneiden, in die Suppe geben, etwa 10 Minuten mitkochen lassen, die gespickte Zwiebel entfernen, etwa ⅓ der Kartoffelwürfel aus der Suppe schöpfen, pürieren, mit
125 ml (⅛ l) Schlagsahne	verrühren, wieder hineingeben, erhitzen, die Suppe mit
Salz, Pfeffer gerebeltem Majoran geriebener Muskatnuß	würzen
200 g Egerlinge	putzen, waschen, gut abtropfen lassen, in Scheiben schneiden
1 Zwiebel	abziehen, fein würfeln
50 g Butter	zerlassen, die Zwiebelwürfel darin goldgelb andünsten, die Pilze

hinzufügen, etwa 5 Minuten dünsten lassen, in die Kartoffelsuppe geben, noch etwa 5 Minuten miterhitzen

½ Bund Schnittlauch	abspülen, trockentupfen, fein schneiden, hinzugeben.
Garzeit	etwa 20 Minuten.

Blumenkohlsuppe

Für 4 Personen

375 g vorbereiteten Blumenkohl	in Röschen teilen, waschen, in
750 ml (¾ l) kochendes Salzwasser	geben, zum Kochen bringen, gar kochen lassen, das Blumenkohlwasser durch ein Sieb gießen, mit Wasser auf 750 ml (¾ l) auffüllen
40 g Butter	zerlassen
40 g Mehl	unter Rühren so lange darin erhitzen, bis es hellgelb ist, das Gemüsewasser,
250 ml (¼ l) Milch	hinzugießen, mit einem Schneebesen durchschlagen, so daß keine Klumpen entstehen, die Suppe zum Kochen bringen, etwa 10 Minuten kochen lassen
1 Eigelb	mit
2 EL kaltem Wasser	verschlagen, die Suppe damit abziehen, mit
Salz Muskatnuß	abschmecken, die Blumenkohlröschen hinzugeben
Kochzeit	30–40 Minuten.

Königsberger Klopse

Für 4 Personen *(Foto)*

1 Brötchen	in kaltem Wasser einweichen
1 Zwiebel	abziehen, fein würfeln
500 g Gehacktes	mit dem gut ausgedrückten Brötchen, der Zwiebel,
1 Eiweiß	
2 TL Senf	vermengen, mit
Salz, Pfeffer	abschmecken, aus der Masse mit nassen Händen Klopse formen, in
750 ml (³/₄ l) kochendes Salzwasser	geben, zum Kochen bringen, abschäumen, gar ziehen lassen (Wasser muß sich leicht bewegen), die Brühe durch ein Sieb gießen, 500 ml (½ l) davon abmessen.

Für die Sauce

30 g Butter	zerlassen
35 g Mehl	unter Rühren so lange darin erhitzen, bis es hellgelb ist
500 ml (½ l) Brühe	hinzugießen, mit einem Schneebesen durchschlagen, darauf achten, daß keine Klumpen entstehen, die Sauce zum Kochen bringen, etwa 5 Minuten kochen lassen
1 Eigelb	mit
2 EL kalter Milch	verschlagen, die Sauce damit abziehen (nicht mehr kochen lassen)
1 EL Kapern	hinzufügen, mit
Salz, Pfeffer	
Speisewürze	
Zitronensaft	abschmecken, die Klopse in die Sauce geben 5 Minuten darin ziehen lassen.
750 g Kartoffeln	in
Salzwasser	gar kochen, zu den Königsberger Klopsen reichen.
Garzeit	etwa 15 Minuten.

Hackfleisch-Spieße

Für 4 Personen

300 g mageres Hackfleisch	mit
300 g Schweinemett	verkneten
1 Zwiebel	abziehen, fein würfeln
2 Knoblauchzehen	abziehen, zerdrücken
1 Bund glatte Petersilie	abspülen, trockentupfen, fein hacken, die drei Zutaten mit dem Hackfleisch,
1 TL Senf	
1 TL Salz, Pfeffer	verkneten aus der Hackfleischmasse 2–3 cm dicke Röllchen formen, Metall-Grillspieße durch die Röllchen stecken, die Hackfleisch-Spieße auf den Holzkohlengrill oder auf Alufolie unter den Elektrogrill legen, in etwa 10 Minuten von allen Seiten knusprig braun grillen.

Für die Joghurt-Sauce

2 Knoblauchzehen	abziehen, zerdrücken, mit
500 g Joghurt	
4 EL zerlassener Butter	
2 EL feingehacktem Dill	verrühren, zu den Spießen servieren.

Leber mit Champignon-Reis

Für 4 Personen

150 g Champignons	putzen, waschen, abtropfen lassen, in feine Scheiben schneiden
1 Bund Frühlingszwiebeln	putzen, waschen, vierteln
1 EL Margarine	zerlassen, Champignons und Zwiebeln darin andünsten
200 g Langkornreis	unterrühren
125 ml (⅛ l) Weißwein	
375 ml (⅜ l) Wasser	hinzugießen, mit
Salz	würzen, zum Kochen bringen, in etwa 15 Minuten ausquellen lassen
4 Scheiben Rinderleber	enthäuten, unter fließendem kaltem Wasser abspülen, trockentupfen, in
80 g Weizenmehl	wenden
2 Eier	verschlagen, die Leber zunächst darin, danach in
120 g Semmelbröseln	wenden
Schmalz	zerlassen, die Leber darin etwa 15 Minuten von beiden Seiten braten, mit Salz
frisch gemahlenem schwarzen Pfeffer	würzen, mit dem Champignon-Reis servieren.

Leberpfanne mit Salbei

Für 4 Personen

600 g Rinderleber	waschen, abtrocknen, evtl. Sehnen und Röhren entfernen, die Leber in Streifen schneiden, in
Weizenmehl	wenden
150 g Zwiebeln	abziehen, würfeln
250 g Champignons	putzen, waschen, in dünne Streifen schneiden
125 g durchwachsenen Speck	in Würfel schneiden
2 EL Pflanzenöl, z.B. von Biskin	erhitzen, die Speckwürfel darin ausbraten
10–15 Salbeiblättchen	vorsichtig abspülen, trockentupfen, mit den Leberstreifen zu dem Speck geben, unter Rühren, etwa 3 Minuten braten lassen, mit
Salz frisch gemahlenem Pfeffer Paprika edelsüß	würzen, die Zwiebelwürfel hinzufügen, durchdünsten lassen die Champignonscheiben,
125 ml (⅛ l) Rotwein	hinzugießen, zum Kochen bringen, die Leberpfanne etwa 5 Minuten schmoren lassen
1 Becher (150 g) Crème fraîche	unterrühren, die Leberpfanne mit Salz, Pfeffer, Paprika abschmecken.

Leberrouladen

Für 4 Personen

4 entsteinte Trocken-pflaumen	etwa 12 Stunden in kaltem Wasser einweichen, gut abtropfen lassen, klein hacken
1 Apfel	schälen, vierteln, entkernen, raspeln
50 g durch-wachsenen Speck	in Würfel schneiden, die Zutaten miteinander vermengen
4 dünne, große Scheiben Rinderleber (je 150–200 g)	abspülen, trockentupfen, auf der Innenseite mit
Salz, Pfeffer gerebeltem Majoran	bestreuen die Füllung auf die Leberscheiben geben, von der schmalen Seite her aufrollen, mit Holzspießchen oder Küchengarn zusammenhalten
2 EL Pflanzenöl, z.B. von Biskin 1 EL Margarine	mit erhitzen, die Leberrouladen von allen Seiten gut darin anbraten
250 ml (¼ l) Apfelwein	hinzugießen, die Rouladen in etwa 10 Minuten gar schmoren lassen, von den Holzspießchen oder Küchengarn befreien, evtl. etwas
Apfelwein 3–4 EL Apfelmus	hinzugießen, die Flüssigkeit mit binden, die Sauce mit Salz, Pfeffer, Majoran abschmecken die Rouladen in der Sauce servieren.

Quark-Nockerln

Für 2 Personen

1 Packung Frühlings-Quark (200 g)	mit
3 Eiern 100 g Grieß Salz, Pfeffer griebener Muskatnuß	gut verrühren, etwa 1 Stunde quellen lassen, aus der Masse mit 2 Teelöffel Klößchen formen, in
2 l kochendes Salzwasser	geben, zum Kochen bringen, gar ziehen lassen, die Nockerln mit einem Schaumlöffel aus der Kochflüssigkeit nehmen, in eine vorgewärmte Schüssel geben, warm stellen.

Für die Sauce

100 g gekochten Schinken	in feine Würfel schneiden
1 EL Butter	zerlassen, die Schinkenwürfel darin andünsten
1 Packung tiefgekühlte Erbsen (300 g) 250 ml (¼ l) Schlagsahne	hinzufügen, unter Rühren erhitzen
1 EL geriebenen Parmesan-Käse	unterrühren, mit Salz, Pfeffer würzen
1 EL gehacktes Basilikum 1 EL gehackte Petersilie	unterrühren, die Sauce über die Quark-Nockerln geben.

Kartoffel-Lauch-Suppe

Für 4 Personen *(Foto)*

600 g Kartoffeln	schälen, würfeln
2 Stangen Porree (Lauch 300 g)	putzen, waschen, in dünne Ringe schneiden
1 Petersilienwurzel	
1 Möhre	putzen, schälen, waschen, in Würfel schneiden
1 EL Olivenöl	in einem Topf erhitzen, das Gemüse darin andünsten, mit
1½ l Gemüsebrühe	aufgießen, etwa 40 Minuten köcheln lassen, mit einem Pürierstab oder im Mixer pürieren, kalt stellen vor dem Servieren
125 ml (⅛ l) Schlagsahne	unterziehen, mit kleinen Möhrenwürfeln und Schnittlauch bestreuen. Eiskalt servieren.
Tip	Dazu paßt Roggenbaguette.

Huhn mit Zitronensauce

Für 4 Personen

1 küchenfertiges Suppenhuhn (etwa 1 kg)	waschen
1 Bund Suppengrün	putzen, waschen, kleinschneiden
1 Zwiebel	abziehen, mit
2 Nelken	spicken
2 l Salzwasser	zum Kochen bringen das Huhn mit dem Suppengrün, der gespickten Zwiebel,
1 Lorbeerblatt 3 Zitronenscheiben	hineingeben, zum Kochen bringen, in 1½–2 Stunden gar kochen lassen, das Huhn aus der Brühe nehmen, von den Knochen lösen, in Portionsstücke schneiden von der Brühe 500 ml (½ l) abmessen, die Fleischstücke wieder in die restliche Brühe geben, warm stellen.

Für die Sauce

60 g Margarine	zerlassen
60 g Mehl	unter Rühren so lange darin erhitzen, bis es hellgelb ist
500 ml (½ l) Hühnerbrühe	hinzugießen, mit einem Schneebesen durchschlagen, darauf achten, daß keine Klumpen entstehen, zum Kochen bringen, etwa 10 Minuten kochen lassen
125 ml (⅛ l) saure Sahne etwas abgeriebene Zitronenschale (unbehandelt) 1 EL Zitronensaft 2–3 EL Weißwein	unterrühren, die Sauce mit
Salz Zucker	abschmecken
1 EL gehackte Petersilie	unterrühren, die Fleischstücke auf einer vorgewärmten Platte anrichten, die Sauce darüber verteilen.
Beilage	Petersilien-Reis.

Fritierte Gemüseplatte

Für 2 Personen (Foto)

125 g Weizen-mehl	sieben
2 Eigelb	mit
125 ml (1/8 l) Bier	mit Handrührgerät mit Rührbesen verquirlen, mit
Salz, Pfeffer	würzen
2 Eiweiß	steif schlagen, mit dem Schnee-besen vorsichtig unter die Masse heben, den Teig 15 Minuten ruhen lassen
200 g Zucchini	waschen, putzen, in 3 cm dicke Scheiben schneiden
250 g Broccoli	waschen, putzen, in kleine Röschen zerteilen, den Stiel in dünne Scheiben schneiden
100 g Möhren	waschen, putzen, in kurze Streifen scheiden, die drei Gemüsesorten etwa 2–3 Minuten in Salzwasser blanchieren, mit kaltem Wasser übergießen, abtropfen und abkühlen lassen
12 frische Champignons	putzen
20 g Butter-schmalz	zerlassen, die Champignons darin kurz andünsten, abkühlen lassen, danach salzen
1 Zwiebel (60 g)	abziehen, in nicht zu dünne Ringe schneiden
4 Stengel krause Petersilie 4 Stengel Zitronenmelisse	abspülen, trockentupfen
500 g Pflanzen-fett, z.B. von Biskin	in einem Topf erhitzen, die vorbereiteten Zutaten in den Bierteig tauchen, etwas abtropfen lassen und im heißen Butterschmalz etwa 2 Minuten fritieren, mit dem Schaumlöffel herausnehmen, auf Küchenkrepp abtropfen lassen.

Gefüllte Zucchini

Für 4 Personen

4 große Zucchini	waschen, der Länge nach durchschneiden, aushöhlen, das Fruchtfleisch in Würfel schneiden
1 Zwiebel	abziehen, in Würfel schneiden
2 EL Pflanzenöl, z.B. von Biskin	erhitzen, die Zwiebel darin anbraten, Zucchinifleisch dazugeben, mit
Salz, Pfeffer gerebeltem Thymian	würzen, etwa 5 Minuten dünsten lassen
1 Knoblauchzehe	abziehen, zerdrücken, mit dem Zucchinifleisch vermengen, mit
500 g gekochten Reis	verrühren, die Mischung in die Zucchinihälften füllen
8 EL Semmel-brösel	darüberstreuen, mit
8 EL Pflanzenöl	beträufeln, die Zucchini in eine feuerfeste Form geben, auf der mittleren Schiene in den Backofen schieben
Ober-/Unterhitze	etwa 225 °C (vorgeheizt)
Heißluft	etwa 200 °C (nicht vorgeheizt)
Gas	etwa Stufe 4 (vorgeheizt)
Backzeit	etwa 30 Minuten.

Rosenkohl-Suppe

Für 2 Personen

500 g Rosenkohl	putzen, die Röschen am Strunk kreuzförmig einschneiden, den Rosenkohl waschen, in
250 ml (¼ l) kochendes Salzwasser	geben, zum Kochen bringen, etwa 10 Minuten kochen lassen kurz vor Beendigung der Garzeit etwa 10 Röschen herausnehmen, vierteln, beiseite stellen, die restlichen Rosenkohlröschen in der Flüssigkeit pürieren
500 ml (½ l) heißes Wasser 1 TL Fleischextrakt	hinzufügen, zum Kochen bringen
1 TL Speisestärke	mit
1 EL kaltem Wasser	anrühren
1 Eigelb 1 EL Crème fraîche	unterrühren, unter die Rosenkohlsuppe schlagen, erhitzen
½–1 EL weiche Butter	hinzufügen, die Suppe mit
Salz Zucker Cayennepfeffer	abschmecken, die zurückgelassenen Rosenkohlviertel hinzufügen, miterhitzen, die Suppe mit
gehackter Petersilie	bestreuen
Kochzeit	10–12 Minuten.

Sauerkraut-Suppe

Für 4 Personen

1 mittelgroße Zwiebel	abziehen, fein würfeln
2 EL Butter	zerlassen, die Zwiebelwürfel darin andünsten
125 g frisches Sauerkraut	waschen, abtropfen lassen, gut auspressen, zu der Zwiebel geben, mitdünsten lassen
200 ml Weißwein	hinzufügen, zum Kochen bringen, nach und nach
750 ml (¾ l) Rindfleischbrühe 125 ml (⅛ l) Schlagsahne	hinzugießen, zum Kochen bringen, gar kochen lassen
½ abgezogene zerdrückte Knoblauchzehe	unterrühren, mit
Salz frisch gemahlenem Pfeffer Zucker	abschmecken
4 Scheiben Weißbrot	in kleine Würfel schneiden, in
2 EL zerlassener Butter	unter ständigem Rühren goldbraun braten lassen, die Suppe in vorgewärmte Suppentassen geben, die gerösteten Brotwürfel darauf verteilen, sofort servieren
Kochzeit	etwa 30 Minuten.

Schälklöße in Rindfleischsuppe

Für 4 Personen

Für die Rindfleischsuppe

375 g Rindfleisch 250 g Mark- knochen	beide Zutaten unter fließendem kaltem Wasser abspülen, in
2 l kaltes Salz- wasser	geben, zum Kochen bringen
3 Möhren	putzen, schälen
1 Stück Sellerie	schälen
350 g Erbsen	auspalen, das Gemüse waschen, etwa 30 Minuten vor Beendigung der Kochzeit in die Brühe geben, zum Kochen bringen, gar kochen das gare Fleisch herausnehmen, in Würfel schneiden, die Brühe durch ein Sieb gießen, Sellerie und Möhren in Würfel schneiden, mit den Erbsen und den Fleischwürfeln in die Brühe geben, warm stellen.

Für die Schälklöße

600 g gekochte Kartoffeln	reiben, in eine Schüssel geben, mit
Weizenmehl 1–2 Eiern Salz	zu einem geschmeidigen Teig verkneten, die Tischplatte gut mit Weizenmehl bestäuben, den Teig darauf dünn ausrollen, mit
gebräunter Butter	bestreichen
Semmelbrösel	darüber streuen, den Teig zusammenrollen, in etwa 1 cm breite Scheiben schneiden, die Rindfleischbrühe wieder zum Kochen bringen, die Teig-

schnecken hineingeben, in wenigen Minuten gar ziehen lassen (Schälklöße sind gar, wenn sie an der Oberfläche schwimmen)

gehackte Petersilie	über die Suppe streuen
Garzeit	etwa 2½ Stunden.

Sommerlicher Zwiebel-Eintopf

Für 4 Personen

500 g Zwiebeln	abziehen
500 g Möhren	putzen, schälen, waschen
500 g Kartoffeln	schälen, waschen, die 3 Zutaten in Scheiben schneiden
375 g Gehacktes (halb Rind-, halb Schweinefleisch)	mit
Salz frisch gemahlenem Pfeffer	würzen, mit dem Gemüse abwechselnd in einen gewässerten Tontopf schichten, die Gemüseschichten mit Salz bestreuen
500 ml (½ l) Instant- Fleischbrühe	hinzugießen, den Tontopf mit dem Deckel verschließen, auf dem Rost in den Backofen stellen, den garen Eintopf mit
gehackter Petersilie	bestreuen
Ober-/Unterhitze	200–225 °C (vorgeheizt)
Heißluft	180–200 °C (nicht vorgeheizt)
Gas	Stufe 4–5 (vorgeheizt)
Garzeit	etwa 1¼ Stunden.

Nudeln mit Kräutersahne

Für 4 Personen *(Foto)*

500 g Spaghetti	in reichlich Salzwasser zum Kochen bringen, bißfest garen
1 Schalotte	abziehen, fein würfeln, in
2 EL Pflanzenöl, z.B. von Biskin	andünsten
200 ml Schlagsahne	hinzugeben
125 g Crème fraîche	unterrühren, etwas einkochen lassen
1 Bund gemischte Kräuter, z.B. Basilikum, Petersilie, Schnittlauch, Kresse	abspülen, trockentupfen, die Blätter von den Stengeln zupfen, einige Blättchen zur Seite legen, den Rest grob hacken die gehackten Kräuter unter die Sauce rühren, mit dem Handrührgerät mit Mixstab fein pürieren
3 Eigelb **50 g Parmesan-Käse**	unterziehen, mit
Salz frisch gemahlenem Pfeffer	
Zitronensaft	abschmecken, nicht mehr kochen lassen, die Sauce über die Nudeln geben, mit Kräutern
4 EL gerösteten Sesamsamen	bestreut servieren.

Bohnengratin

Für 4 Personen

400 g rote und weiße Bohnen	in Wasser über Nacht einweichen, im Einweichwasser mit
Salz **1 EL gerebelten Thymian**	zum Kochen bringen, 1 Stunde kochen lassen, abgießen, abtropfen lassen, Salzwasser zum Kochen bringen,
1 EL Pflanzenöl **125 g Vollkornnudeln**	hinzugeben, in etwa 10 Minuten bißfest garen, abgießen
2 Knoblauchzehen	abziehen, in Würfel schneiden
125 g Champignons	putzen, vorsichtig abreiben, in Scheiben schneiden
½ Bund Petersilie	unter fließendem Wasser abspülen, trockentupfen, kleinhacken
5 EL Pflanzenöl	in einem Topf erhitzen, Knoblauchwürfel,
1 EL Tomatenmark	darin verrühren, mit
Salz, Pfeffer	würzen
3 EL Milch	Champignons, Petersilie und hinzufügen, Bohnen und Nudeln zugeben, erhitzen
100 g Hartkäse	reiben, eine feuerfeste Form mit
Butter	einfetten, Bohnen-Nudel-Masse einfüllen, mit Käse bestreuen
20 g Butter	in Flöckchen darauf setzen
Ober-/Unterhitze	220 °C (vorgeheizt)
Heißluft	200 °C (nicht vorgeheizt)
Gas	Stufe 4 (vorgeheizt)
Garzeit	etwa 15 Minuten.

Ungarische Sauerkrautsuppe

Für 4 Personen (Foto)

75 g durch-wachsenen Speck	in Würfel schneiden
40 g Pflanzenfett, z.B. von Biskin	erhitzen, die Speckwürfel darin ausbraten
2 Zwiebeln **2 Knoblauch-zehen**	beide Zutaten abziehen, würfeln, zu dem Speckfett geben, andünsten
750 g Sauerkraut	lockerzupfen,
1 l Fleischbrühe **½ TL Kümmel** **1 Lorbeerblatt** **4 kleine, geräucherte Mettwürste**	hinzufügen, zum Kochen bringen, etwa 20 Minuten kochen lassen
400 g weiße Bohnen (aus der Dose)	abtropfen lassen, mit
70 g Tomaten-mark **1 EL Paprika edelsüß**	hinzufügen, mit
Salz frisch gemahlenem Pfeffer	würzen, zum Kochen bringen, 5–10 Minuten kochen lassen, evtl. nochmals mit Salz, Pfeffer, Paprika abschmecken, vor dem Servieren
½–1 Becher (75–150 g) Crème fraîche	auf die Suppe geben
Kochzeit	etwa 30 Minuten.

Szegediner Krautsuppe

Für 4 Personen

100 g durch-wachsenen Speck	in Würfel schneiden, im Topf auslassen
1 Zwiebel	abziehen, würfeln, dazugeben, hellgelb dünsten lassen
1 EL Paprika edelsüß	unterrühren
500 g Sauerkraut	grob hacken, mit
1 abgezogenen, gehackten Knoblauchzehe	
1 l Instant-Fleischbrühe	hinzufügen, zum Kochen bringen
500 g geräucherte Schweine-rippchen	waschen, dazugeben, kochen lassen, das gare Fleisch heraus-nehmen, von den Knochen befreien, kleinschneiden, wieder in die Suppe geben
125 ml (⅛ l) saure Sahne	mit
1 EL Weizenmehl	verrühren, unter die Suppe rühren, kurz aufkochen lassen, mit
Salz frisch gemahlenem Pfeffer	abschmecken kurz vor dem Servieren mit
gehacktem Dill	bestreuen
Kochzeit	etwa 45 Minuten.

Dicke-Bohnen-Eintopf

Für 4 Personen

600–750 g frische, ausgepalte Dicke Bohnen (3–4 kg mit Schalen) oder 2 Packungen (je 300 g) Tiefkühl-Dicke Bohnen	beide Packungen auftauen lassen
750 g Kartoffeln	schälen, waschen, in kleine Würfel schneiden
250 g Schweinebauch	unter fließendem kaltem Wasser abspülen, trockentupfen, in Scheiben schneiden, Bohnen, Kartoffeln, Schweinebauch,
Bohnenkraut	abwechselnd in den gewässerten Tontopf schichten, jede Schicht mit
Salz	bestreuen
750 ml ($^3/_4$ l) Fleischbrühe aus Brühwürfeln	darüber gießen, den Tontopf mit dem Deckel verschließen, in den Backofen stellen
Ober-/Unterhitze	200–225 °C (vorgeheizt)
Heißluft	180–220 °C (nicht vorgeheizt)
Gas	Stufe 4–5 (vorgeheizt)
Garzeit	etwa 1 Stunde bei tiefgefrorenen Bohnen, etwa 1 $^1/_2$ Stunden bei frischen Bohnen.

Erbsensuppe

Für 4 Personen

200 g ungeschälte Erbsen	waschen, in
1 $^1/_4$–1 $^1/_2$ l Wasser oder Instant-Fleischbrühe	12–24 Stunden einweichen, mit der Einweichflüssigkeit zum Kochen bringen, nach Belieben
1–2 Speckschwarten	
200 g Schinkenreste	hinzufügen, gar kochen lassen
Suppengrün	putzen, waschen, nach 1 Stunde Kochzeit mit in die Suppe geben die garen Erbsen durch ein Sieb streichen
1 Zwiebel	abziehen, würfeln
1 EL Margarine	zerlassen die Zwiebel darin leicht bräunen
1 EL Weizenmehl	hinzufügen, kurz miterhitzen, die Erbsenbrühe hinzugießen, mit einem Schneebesen durchschlagen, zum Kochen bringen, etwa 15 Minuten kochen lassen, die Suppe mit
Salz gerebeltem Majoran Suppenwürze	abschmecken, mit
gehackter Petersilie oder feingeschnittenem Schnittlauch	bestreuen, nach Belieben mit
gerösteten Semmelwürfeln	anrichten
Kochzeit	etwa 2 Stunden.

Grüne Bohnen-Eintopf mit Tomaten

Für 2 Personen

200 g Hammelfleisch	unter fließendem kaltem Wasser abspülen, trockentupfen, in kleine Würfel schneiden
150 g Tomaten	kurze Zeit in kochendes Wasser legen, in kaltem Wasser abschrecken, enthäuten, in Stücke schneiden
500 g Grüne Bohnen	abfädeln, waschen, in kleine Stücke brechen oder schneiden
300 g Kartoffeln	schälen, waschen, in Würfel schneiden
40 g Butter	erhitzen, das Fleisch unter Wenden schwach darin bräunen
1 mittelgroße Zwiebel	abziehen, würfeln, kurz bevor das Fleisch genügend gebräunt ist, Zwiebeln, Tomaten hinzufügen, kurz miterhitzen, das Fleisch mit
Salz frisch gemahlenem Pfeffer	würzen, Bohnen, Kartoffeln,
250 ml (¼ l) Wasser	hinzufügen, gar schmoren lassen das Gericht mit Salz abschmecken
Schmorzeit	etwa 1¼ Stunden.

Linsensuppe

Für 2 Personen

200 g Linsen	waschen, in
1¼–1½ l Fleischbrühe	12–24 Stunden einweichen, mit der Einweichflüssigkeit zum Kochen bringen
1 Bund Suppengrün	putzen, waschen, kleinschneiden
1 Zwiebel	abziehen, würfeln beide Zutaten nach 45 Minuten Kochzeit mit in die Suppe geben, die garen Linsen (entweder alle oder nur die Hälfte) durch ein Sieb streichen, wieder zum Kochen bringen, nach Belieben
1–2 TL Speisestärke	mit
1 TL Wasser	anrühren, die Suppe damit binden, mit
Salz gerebeltem Thymian	abschmecken
2 Brühwürstchen	in Scheiben schneiden, miterhitzen, die Suppe mit
1 EL feingeschnittenem Schnittlauch	bestreuen
Kochzeit	etwa 1½ Stunden.

Herings-Quark-Topf

Für 4 Personen (Foto)

6 Matjesfilets	evtl. einige Zeit wässern, trockentupfen, in mundgerechte Stücke schneiden
1 rote Zwiebel	abziehen, in Scheiben schneiden, in Ringe teilen
2 Äpfel	schälen, vierteln, entkernen, in kleine Scheiben schneiden
125 ml ($\frac{1}{8}$ l) Schlagsahne	steif schlagen
1 Packung (200 g) Speisequark (40 %)	gut verrühren, die steifgeschlagene Sahne unterheben, mit Matjesstückchen, Zwiebelringen und Apfelscheiben vorsichtig vermengen, mit
Salz frisch gemahlenem Pfeffer Zitronensaft	würzen, einige Zeit kühl stellen, mit
Dill	garniert servieren.
Beilage	Pellkartoffeln, Vollkornbrot und Butter.

Petersilien-Fisch

Für 2 Personen

2 Seelachsfilets (je etwa 200 g)	unter fließendem kaltem Wasser abspülen, trockentupfen, mit dem
Saft von 1 Zitrone	beträufeln
3 Bund Petersilie	abspülen, trockentupfen, fein hacken
3 Knoblauchzehen	abziehen, zerdrücken beide Zutaten mit der
abgeriebenen Schale von 1 Zitrone (unbehandelt) 1 TL Kräutersalz 1 TL Zitronenpfeffer	vermengen die Fischfilets nebeneinander in eine gefettete feuerfeste Form legen, mit der Petersilienmischung bestreichen
4 EL Butter	zerlassen, darüber träufeln, die Form auf dem Rost in den Backofen schieben
Ober-/Unterhitze	etwa 200 °C (vorgeheizt)
Heißluft	etwa 180 °C (nicht vorgeheizt)
Gas	etwa Stufe 3 (vorgeheizt)
Backzeit	20 Minuten.

Kartoffel-Zucchini-Gratin

Für 2 Personen

250 g gekochte Pellkartoffeln	pellen, in Scheiben schneiden
250 g Zucchini	waschen, die Enden abschneiden, die Zucchini in Scheiben schneiden Kartoffel- und Zucchinischeiben schuppenartig in eine gefettete flache Auflaufform schichten
2 Knoblauchzehen	abziehen, durch die Knoblauchpresse geben, mit
250 ml (¼ l) Schlagsahne	verrühren, mit
Meersalz gemahlenem schwarzem Pfeffer	würzen
gehackte Estragonblättchen	unterrühren, über das Gemüse gießen
50 g geriebenen Emmentaler	darüber streuen
Butter	in Flöckchen darauf setzen die Form auf dem Rost in den Backofen schieben
Ober-/Unterhitze	etwa 225 °C (vorgeheizt)
Heißluft	etwa 200 °C (nicht vorgeheizt)
Gas	etwa Stufe 4 (vorgeheizt)
Backzeit	20–25 Minuten.

Kartoffel-Käse-Auflauf

Für 4 Personen

750 g Pellkartoffeln	pellen, in Scheiben schneiden
300 g Zucchini	waschen, in Scheiben schneiden
200 g Emmentaler	reiben Kartoffel- und Zucchinischeiben in eine gefettete Auflaufform schichten, dabei jede Lage mit etwas Käse bestreuen und mit
Salz frisch gemahlenem Pfeffer	würzen
1 Zwiebel	abziehen, fein würfeln
2 EL Butter	zerlassen, die Zwiebel darin andünsten
375 ml (⅜ l) Milch	mit
1 Ei	verschlagen, die Zwiebelwürfel unterrühren, die Mischung über Kartoffeln und Zucchini gießen, den restlichen Käse darüber streuen
Ober-/Unterhitze	etwa 200 °C (vorgeheizt)
Heißluft	etwa 180 °C (nicht vorgeheizt)
Gas	etwa Stufe 4 (vorgeheizt)
Backzeit	etwa 45 Minuten.

Kartoffel-Pilz-Auflauf

Für 4 Personen

750 g kleine, festkochende Kartoffeln	waschen, in so viel
Salzwasser	zum Kochen bringen, daß die Kartoffeln bedeckt sind
Kochzeit	20–25 Minuten die garen Kartoffeln abgießen, abdämpfen, pellen, in Scheiben schneiden
300 g Champignons	putzen, waschen, in Scheiben schneiden
2 Zwiebeln 1 Knoblauchzehe	beide Zutaten abziehen, fein würfeln
1–2 EL Butter	zerlassen, die Zwiebelwürfel darin andünsten, die Champignonscheiben hinzufügen, mit
Kräutersalz frisch gemahlenem Pfeffer geriebener Muskatnuß Currypulver gerebeltem Thymian	würzen, im geschlossenen Topf etwa 5 Minuten dünsten lassen
½ Becher (75 g) Crème fraîche	unterrühren die Hälfte der Kartoffelscheiben in eine gefettete, feuerfeste Form geben, mit
Salz, Currypulver	bestreuen
50–75 g Butterkäse	in Würfel schneiden, darauf verteilen, die Pilzmasse darüber geben, mit den restlichen Kartoffelscheiben bedecken, mit
Salz, Currypulver	bestreuen
½ Becher (75 g) Crème fraîche	darauf geben, glattstreichen
50–75 g Butterkäse	grob raffeln, darüber streuen
Butter	in Flöckchen darauf setzen die Form auf dem Rost in den Backofen schieben
Ober-/Unterhitze	225–250 °C (vorgeheizt)
Heißluft	200–220 °C (nicht vorgeheizt)
Gas	Stufe 4–5 (vorgeheizt)
Backzeit	etwa 30 Minuten.

Spiegelei auf Leberkäse

Für 4 Personen

1–2 EL Pflanzenfett, z.B. von Biskin	zerlassen
4 Scheiben Leberkäse	auf beiden Seiten etwa 5 Minuten darin anbraten, herausnehmen
4 Eier	vorsichtig aufschlagen, nebeneinander in das Bratfett gleiten lassen, so lange erhitzen, bis das Eiweiß fest ist
4 Scheiben Vollkornbrot	toasten, mit
Butter	bestreichen, je eine Scheibe Leberkäse und ein Spiegelei darübergeben, mit
Salz, frisch gemahlenem schwarzen Pfeffer Paprika edelsüß	bestreuen.

Gegrillte Kartoffelspieße mit Zwiebeln

Für 4 Personen (Foto)

1 kg Kartoffeln	waschen, bürsten und 10 Minuten kochen, 8 Holzspieße in Wasser legen
200 g durchwachsenen Speck	in etwa 5 cm große Scheiben schneiden, Kartoffeln abgießen, auskühlen lassen, je nach Größe ganz oder halbiert abwechselnd mit dem Speck auf die Spieße stecken, mit
Olivenöl	bepinseln
1–2 Rosmarinzweige	abspülen, trockentupfen, die Blättchen von den Stengeln zupfen, die Spieße damit bestreuen, unter Wenden etwa 10 Minuten grillen, evtl. noch einmal mit Öl bepinseln.

Für die Zwiebel-Sahne

500 g Zwiebeln	abziehen, in sehr dünne Ringe schneiden, dann blanchieren
1 Becher Schlagsahne	mit
Salz frisch gemahlenem Pfeffer	würzen, mit
1 EL Weinessig	verschlagen, die Zwiebelringe unterheben, zu den Kartoffelspießen servieren.

Rosenkohl mit Quark-Haube

Für 4 Personen

1 kg Rosenkohl	putzen, die Röschen am Strunk kreuzförmig einschneiden, den Rosenkohl waschen, in
kochendes Salzwasser	geben, zum Kochen bringen, in 15–20 Minuten gar dünsten lassen, abgießen, in eine gefettete feuerfeste Form geben, mit
frisch gemahlenem Pfeffer	bestreuen
400 g Fleischwurst	enthäuten, in Würfel schneiden, darüber geben
1 Packung (200 g) Frühlings-Quark	mit
2 Eiern	gut verrühren, darüber verteilen
1 EL Semmelbrösel	mit
2 EL geriebenem Parmesan-Käse	mischen, darüber streuen die Form auf dem Rost in den Backofen schieben
Ober-/Unterhitze	etwa 200 °C (vorgeheizt)
Heißluft	etwa 180 °C (nicht vorgeheizt)
Gas	etwa Stufe 4 (vorgeheizt)
Backzeit	etwa 20 Minuten.

Möhren-Kartoffel-Gratin

Für 4 Personen

400 g Kartoffeln	waschen, in Wasser zum Kochen bringen, gar kochen lassen, abgießen, pellen
400 g Möhren	putzen, schälen, waschen, in Wasser zum Kochen bringen, gar kochen lassen, abgießen, beide Zutaten mit dem Buntmesser in Scheiben schneiden
	eine flache Auflaufform mit
Butter	ausfetten, Möhren- und Kartoffelscheiben abwechselnd in die Auflaufform schichten, aus
1 Becher (150 g) saurer Sahne	
75 ml Milch	
100 g vegetarischer Paste	
50 g geriebenem Käse	
Meersalz	
geriebener Muskatnuß	
körniger Hefewürze	
1 Bund gehackter Petersilie	eine Sauce zubereiten, über das Kartoffel-Möhren-Gemisch geben die Auflaufform auf dem Rost in den Backofen schieben
Ober-/Unterhitze	200–225 °C (vorgeheizt)
Heißluft	180–200 °C (nicht vorgeheizt)
Gas	Stufe 3–4 (vorgeheizt)
Backzeit	15–20 Minuten.

Nudelpfanne mit Zwiebeln und Zucchini

Für 2 Personen

250 g Vollkorn- nudeln	in
1½ l Salz- wasser	zum Kochen bringen, in 10 Minuten gar kochen lassen, in ein Sieb geben, mit kaltem Wasser übergießen, abtropfen lassen
2 Zwiebeln	abziehen, halbieren, in Scheiben schneiden, in
20 g Pflanzen- fett, z.B. Biskin	andünsten von
1 Zucchini (250 g)	die Enden abschneiden, die Zucchini waschen, abtrocknen, in Scheiben schneiden, mit etwas Flüssigkeit zu den Zwiebeln geben, in 5–10 Minuten gar dünsten, mit
Salz frisch gemahlenem Pfeffer	würzen
4 Eier	mit
150 ml Milch Hefewürze Kräutern der Provence	verschlagen, mit Salz, Pfeffer, abschmecken, mit den Nudeln vermengen, auf jede Portion
1 TL Crème fraîche	geben.

Paprikareis mit Mettküchlein

Für 4 Personen

2 rote Paprikaschoten	halbieren, entstielen, entkernen, die weißen Scheidewände entfernen, die Schoten waschen, 1½ Schoten in Streifen schneiden
1 Zwiebel **1 Knoblauchzehe**	beide Zutaten abziehen, fein würfeln
1 EL Pflanzenöl, z.B. von Biskin	erhitzen, Zwiebeln und Knoblauchzehen darin glasig dünsten lassen, die Paprikastreifen,
250 g Langkornreis	hinzufügen, unter Rühren kurz anbraten, mit
1 EL Paprika **Salz**	würzen
500 ml (½ l) **Wasser**	hinzugießen, kurz aufkochen lassen, in etwa 15 Minuten ausquellen lassen, die übrige halbe Schote fein würfeln, unter den garen Reis ziehen.

Für die Mettküchlein

500 g Schweinemett	mit
2 Eiern	verkneten, mit
Pfeffer **Zwiebelpulver** **Basilikum**	würzen, vier flache Frikadellen aus dem Teig formen
1 EL Pflanzenöl	erhitzen, die Frikadellen von beiden Seiten etwa 5 Minuten braten, auf dem Reis anrichten.

Reisfleisch mit Pilzen

Für 2 Personen

400 g **Champignons**	putzen, abspülen, abtropfen lassen, in kleinere Stücke schneiden
1 Zwiebel	abziehen, fein würfeln
30 g Pflanzenfett, z.B. von Biskin	zerlassen, die Zwiebelwürfel darin etwa 3 Minuten glasig dünsten lassen
250 g Langkornreis	hinzufügen, unter Rühren etwa 5 Minuten darin anbraten
250 g Gehacktes (halb Rind-, halb Schweinefleisch)	hinzufügen, unter Rühren darin anbraten, dabei die Fleischklümpchen etwas zerdrücken die Pilzstücke
2 TL Currypulver **500 ml (½ l)** **heiße Instant-Hühnerbrühe**	hinzugießen, zum Kochen bringen, in etwa 20 Minuten gar kochen lassen, mit
Salz **frisch gemahlenem schwarzen Pfeffer**	würzen
1 EL **abgezogene, gehackte Mandeln**	über das Reisfleisch geben.

101

Fischragout „Nizza"

Für 2 Personen (Foto)

300 g Seelachs-filet	unter fließendem kaltem Wasser abspülen, trockentupfen, in 1 cm große Würfel schneiden
2 Zwiebeln	abziehen, fein würfeln
200 g Stauden-sellerie	putzen, harte Fäden an der Außenseite der Stengel abziehen Staudensellerie waschen, in feine Scheiben schneiden
2 EL Pflanzenöl	erhitzen, die Fischwürfel darin anbraten, aus dem Bratenfett nehmen, warm stellen die Staudenselleriescheiben in dem restlichen Bratfett andünsten
1 Dose Tomaten (400g)	
50 g schwarze Oliven	
Schale von ½ Zitrone (unbehandelt)	
1 Knoblauchzehe	abziehen, zerdrücken alle Zutaten zu den Staudenselleriescheiben geben, mit
Salz	
frisch gemahlenem Pfeffer	würzen, etwa 10 Minuten bei schwacher Hitze dünsten lassen.

Seelachs mit Joghurthaube

Für 2 Personen

400 g Seelachs-filet	unter fließendem kaltem Wasser abspülen, trockentupfen, mit
Zitronensaft	beträufeln, etwa 15 Minuten stehenlassen, mit
Salz	bestreuen
2 Zwiebeln	abziehen, in Würfel schneiden, in eine Pfanne geben, andünsten
5 Tomaten	waschen, abtrocknen, in Scheiben schneiden
150 g Champignons (aus der Dose)	abtropfen lassen, in Scheiben schneiden
300 g Joghurt	mit Salz,
1 Bund feinge-schnittenen, gemischten Kräutern	
weißem Pfeffer	
Paprika edelsüß	
Streuwürze	verrühren eine längliche, feuerfeste Form mit
Butter	ausfetten, das Fischfilet hinein-legen, Zwiebeln, Champignons und Tomatenscheiben darauf schichten, mit der Joghurt-Sauce übergießen
2 EL Semmel-brösel	darüber streuen
Butter	in Flöckchen darauf setzen die Form in den Backofen schieben
Ober-/Unterhitze	200–225 °C (vorgeheizt)
Heißluft	180–200 °C (nicht vorgeheizt)
Gas	Stufe 3–4 (vorgeheizt)
Dünstzeit	45–50 Minuten.

Chili con carne

Für 4 Personen

75 g durch-wachsenen Speck	in Würfel schneiden
2–3 Zwiebeln 1 Knoblauchzehe	beide Zutaten abziehen, fein würfeln, in dem Speckfett glasig dünsten lassen
500 g Rinder-gehacktes	hinzufügen, unter ständigem Rühren etwa 7 Minuten braten lassen
etwa 250 g Tomaten (aus der Dose)	abtropfen lassen, kleinschneiden, mit der Tomatenflüssigkeit
etwa 600 g Kidneybohnen (aus der Dose) 3 EL Chilisauce	zu dem Gehackten geben, mit
2 TL Chilipulver Salz Zucker	würzen, zum Kochen bringen, in etwa 15 Minuten gar kochen lassen, den fertigen Eintopf nochmals mit den Gewürzen abschmecken
Beigabe	Roggenstangenbrot oder kräftiges Bauernbrot.

Möhren-Suppe mit Quark-Haube

Für 4 Personen

1 Salatgurke	schälen, halbieren, entkernen
6 mittelgroße Möhren	putzen, schälen, waschen
3 Kartoffeln	schälen, waschen die drei Zutaten in kleine Würfel schneiden
1 EL Butter	zerlassen, Gurken-, Möhren- und Kartoffelwürfel darin etwa 4 Minuten dünsten lassen
1 l Instant-Fleischbrühe	hinzugießen, mit
Salz frisch gemahlenem Pfeffer	würzen, zugedeckt etwa 10 Minuten bei schwacher Hitze kochen lassen, von der Kochstelle nehmen
1 Packung (200 g) Grünen Pfeffer-Quark	mit
2 Eiern	gut verrühren, unter die Möhren-Suppe rühren
feingehackten Dill feinge-schnittenen Schnittlauch	unterrühren.

Pilz-Reis-Suppe

Für 4 Personen

500 g Rindfleisch (Beinscheibe oder Hohe Rippe)	unter fließendem kaltem Wasser abspülen, in
1¹/₂ kaltes Salzwasser	geben, zum Kochen bringen, abschäumen, gar kochen lassen das Fleisch aus der Brühe nehmen, von den Knochen befreien, kleinschneiden, beiseite stellen
250 g Champignons	putzen, waschen, in Scheiben schneiden
1 EL Butter	zerlassen, die Champignonscheiben darin andünsten, mit
Salz	würzen
etwas gehackten Estragon	hinzufügen, die Pilze gar dünsten lassen, die Brühe zum Kochen bringen
50 g Brühreis	hineingeben, zum Kochen bringen, ausquellen lassen (Reis muß noch körnig sein)
125 g gekochte Spargelstücke	mit dem kleingeschnittenen Fleisch und den Pilzscheiben in die Brühe geben, kurz aufkochen lassen, mit
Suppenwürze	abschmecken
Kochzeit für das Fleisch	etwa 2 Stunden
Dünstzeit für die Pilze	etwa 10 Minuten
Garzeit für den Reis	12–15 Minuten.

Leinewebers Eierkuchen

Für 4 Personen

600 g Kartoffeln Wasser	waschen, in so viel Wasser zum Kochen bringen, daß sie bedeckt sind, gar kochen lassen, abgießen, heiß pellen, abkühlen lassen, in Scheiben schneiden
150 g Weizenmehl	in eine Schüssel sieben, in die Mitte eine Vertiefung drücken
4 Eier 250 ml (¹/₄ l) Milch Salz, Pfeffer geriebener Muskatnuß	mit verschlagen, etwas davon in die Vertiefung geben, von der Mitte aus Eier-Milch und Mehl verrühren, nach und nach die übrige Eier-Milch hinzufügen, darauf achten, daß keine Klumpen entstehen
1 Bund Schnittlauch	waschen, fein schneiden, unter den Teig rühren
150 g Speck Pfanzenfett, z.B. von Biskin	in Würfel schneiden, ¹/₄ davon mit in einer Stielpfanne ausbraten, ¹/₄ der Kartoffelscheiben hinzufügen, mit Salz, Pfeffer würzen, etwas anbraten, ¹/₄ des Eierkuchenteiges darüber geben, den Eierkuchen von beiden Seiten hellbraun backen, aus den restlichen Zutaten drei weitere Eierkuchen zubereiten
Kochzeit für die Kartoffeln	etwa 30 Minuten
Backzeit je Eierkuchen	etwa 10 Minuten.

Broccoli-Creme-Suppe

Für 2 Personen (Foto)

1 Packung (300 g) tiefgekühlten Broccoli	in
500 ml (½ l) kochende Instant-Hühnerbrühe	geben, zum Kochen bringen, gar kochen lassen
Kochzeit	12–15 Minuten den Broccoli in der Flüssigkeit mit dem Schneidstab des elektrischen Handrührgerätes pürieren, von
1 Becher (150 g) Crème fraîche oder Kräuter-Crème fraîche	4 Eßlöffel abnehmen, beiseite stellen, die restliche Crème fraîche in die Suppe geben, verrühren, erhitzen
2 EL gemischte, gehackte Kräuter	unterrühren die Suppe mit
Salz frisch gemahlenem Pfeffer geriebener Muskatnuß Worcestersauce	abschmecken, in Suppentassen füllen, auf jede Portion 1 Teelöffel der zurückgelassenen Crème fraîche geben, mit
abgezogenen gehobelten, gerösteten Mandeln	bestreuen.

Radieschensuppe mit Frischkäse

Für 4 Personen

3 Schalotten	abziehen, fein hacken, in
2 EL Butter	weichdünsten
2–3 Bund Radieschen (je nach Größe)	mit den Blättern gründlich waschen, einige besonders schöne Blätter beiseite legen, die restlichen mit den Radieschen und
200 g Frischkäse 1 Becher Schlagsahne	im Mixer pürieren, das Püree mit
500 ml (½ l) Gemüsebrühe 1 TL Salz 1 Prise Chilipulver ½ TL frisch gemahlenem weißen Pfeffer Saft von ½ Zitrone	in einen Topf füllen, 20 Minuten gar kochen lassen, mit
1 TL Worcester-sauce	abschmecken, die restlichen Radieschenblätter in schmale Streifen schneiden, vor dem Servieren in die Suppe streuen
Garzeit	etwa 20 Minuten.

Omelette auf französische Art

Für 4 Personen

Für die Füllung

1 Stange Lauch putzen, längs halbieren, waschen, in dünne Scheiben schneiden

20 g Pflanzen-fett, z.B. von Biskin erhitzen, die Lauchscheiben darin andünsten

etwa 500 g tief-gekühlte Erbsen hinzufügen, mit

Salz frisch gemahlenem weißem Pfeffer würzen

125 ml (⅛ l) Wasser hinzugießen, das Gemüse etwa 10 Minuten dünsten lassen, von

½ Kopf Salat die welken Blätter entfernen, die anderen vom Strunk lösen, die großen Blätter teilen, die Herzblätter ganz lassen, den Salat gründlich waschen (nicht drücken), abtropfen lassen, in Streifen schneiden

4 Scheiben gekochten Schinken in Streifen schneiden, mit den Salatzutaten zu dem Gemüse geben, etwa 2 Minuten mitdünsten lassen

1 EL saure Sahne
1 EL gehackte Kräuter (Petersilie, Schnittlauch, Dill) oder
1 TL Kräuter der Provence unterrühren

1 TL weiche Butter mit
1 TL Weizenmehl verrühren, das Gemüse damit binden, evtl. nochmals mit Salz, Pfeffer abschmecken, warm stellen.

Für die Omelettes

8 Eigelb mit etwas von
16 EL Milch
Salz verschlagen
80 g Weizen-mehl darauf sieben, unterrühren, die restliche Milch hinzufügen
8 Eiweiß steif schlagen, auf die Eigelbmasse geben, unterheben, ¼ von

40–60 g Butter-schmalz in einer Stielpfanne erhitzen, ¼ des Teiges hineingeben (Pfanne mit Deckel verschließen), die Masse langsam gerinnen lassen, die untere Seite des Omelettes muß bräunlich gebacken sein, die obere Seite muß weich bleiben, das Omelette auf eine vorgewärmte Platte gleiten lassen, warm stellen, die übrigen 3 Omelettes auf die gleiche Weise zubereiten, die Füllung auf die fertigen Omelettes geben, zusammenklappen, die Omelettes sofort servieren

Backzeit je Omelette etwa 8 Minuten.

Omelette mit Champignonfüllung

Für 2 Personen

Für die Füllung

500 g Champignons	putzen, waschen, in Scheiben schneiden
100 g durchwachsenen Speck	in Würfel schneiden, zusammen mit
1 EL Butter	auslassen, die Champignons darin andünsten, mit
Salz, Pfeffer	würzen, gar dünsten lassen
2 gestrichene TL Speisestärke	mit
2 EL kaltem Wasser	anrühren, die Champignons damit binden, mit Salz, Pfeffer abschmecken
2 EL gehackte Petersilie	unterrühren, warm stellen.

Für das Omelette

6 Eier	mit
Salz	
2 EL Milch	verschlagen
Butter	in einer nicht zu kleinen Stielpfanne zerlassen, die Eier hineingeben, Pfanne mit einem Deckel schließen, die Masse langsam gerinnen lassen, die untere Seite muß bräunlich gebacken sein, die obere Seite weich bleiben, das Omelette mit der Füllung bestreichen, zusammenklappen, auf einer vorgewärmten Platte anrichten.
Backzeit	etwa 5 Minuten.

Omelette mit chinesischem Gemüse

Für 4 Personen

Für die Füllung

1 Stange Lauch	putzen, längs halbieren, gründlich waschen, in Scheiben schneiden
etwa 250 g Möhren	putzen, schälen, waschen, von
etwa 300 g Weißkohl	die äußeren Blätter entfernen, den Strunk herausschneiden, den Kohl waschen
1 kleines Stück Sellerie	schälen, waschen, die vier Zutaten in sehr feine Streifen schneiden
1 Zwiebel	abziehen, halbieren, in dünne Scheiben schneiden, in Ringe teilen
75 g Butter	zerlassen, die Zwiebelringe darin glasig dünsten, das Gemüse hinzufügen, gut durchdünsten lassen
2–3 EL Sojasauce	unterrühren, mit
Salz, Pfeffer	würzen, das Gemüse 2–3 Minuten dünsten lassen
100 g frische gepulte Krabben	hinzufügen, mit Salz, Pfeffer,
Sojasauce	abschmecken.

Für die Omelettes

8 Eigelb	mit etwas von
16 EL Milch	
Salz	verschlagen
80 g Weizenmehl	darauf sieben, unterrühren, die restliche Milch hinzufügen
8 Eiweiß	steif schlagen, auf die Eigelbmasse geben, unterheben, ¼ von
40–60 g Pflanzenfett, z.B. von Biskin	in einer Pfanne mit Deckel

zerlassen, ¼ des Teiges hineingeben, die Pfanne mit dem
Deckel verschließen, die Masse
langsam gerinnen lassen, die
untere Seite des Omelettes muß
bräunlich gebacken sein, die
obere Seite muß weich bleiben,
das Omelette auf eine
vorgewärmte Platte gleiten lassen,
warm stellen, die übrigen drei
Omelettes auf die gleiche Weise
zubereiten, die Füllung auf die
vier Omelettes verteilen.

Zwiebelkuchen auf dem Blech

Für 4 Personen

Für den Teig

400 g Weizen-Vollkornmehl	mit
1 Päckchen Trocken-Backhefe	
1 TL Zucker	
1 gestrichenen TL Salz	
4 EL Pflanzenöl, z.B. von Biskin	sorgfältig vermischen
250 ml (¼ l) lauwarme Milch	hinzufügen, alles mit elektrischem Handrührgerät mit Knethaken zuerst auf der niedrigsten, dann auf der höchsten Stufe in etwa 5 Minuten zu einem Teig verarbeiten, an einem warmen Ort so lange stehenlassen, bis er etwa doppelt so hoch ist.

Für den Belag

1 kg Gemüse-zwiebeln	abziehen, vierteln, in Scheiben schneiden
2 EL Butter	zerlassen, die Zwiebelscheiben darin andünsten mit
Salz, Pfeffer gemahlenem Rosmarin	würzen
1 Knoblauchzehe	abziehen, zerdrücken, mit
1 TL Kümmel	unterrühren, die Masse 15–20 Minuten im offenen Topf dünsten lassen, bis alle Flüssigkeit verdampft ist, ab und zu durchrühren, erkalten lassen
200 g durchwachsenen Speck	in Würfel schneiden
200 g Gouda	raspeln
3 Eier	
1 Becher (150 g) Crème fraîche	die 4 Zutaten unter die Zwiebelmasse rühren, mit Salz, Pfeffer abschmecken, den gegangenen Teig nochmals gut durchkneten, ihn in der Größe der Fettfangschale ausrollen, in die gefettete Fettfangschale geben, den Teig an den Seiten hoch-drücken, die Zwiebelmasse darauf verteilen, den Teig nochmals so lange an einem warmen Ort stehen lassen, bis er etwa doppelt so hoch ist, ihn erst dann in den Backofen schieben
Ober-/Unterhitze	200–225 °C (vorgeheizt)
Heißluft	180–200 °C (nicht vorgeheizt)
Gas	etwa Stufe 4 (vorgeheizt)
Backzeit	etwa 40 Minuten.

Hackbraten mit grünem Pfeffer

Für 4 Personen

250 g Möhren	putzen, schälen, waschen, in kochendes
Salzwasser	geben, zum Kochen bringen, 8–10 Minuten kochen, abtropfen lassen, in Würfel schneiden
1 Brötchen	in kaltem Wasser einweichen, gut ausdrücken
1 mittelgroße Zwiebel	abziehen, fein würfeln
250 g durchwachsenen Speck	in Würfel schneiden
500 g Gehacktes (halb Rind-, halb Schweinefleisch)	mit dem Brötchen, den Zwiebelwürfeln, den Speckwürfeln,
2 Eiern	vermengen, mit
1 TL gerebeltem Majoran	
1 TL gerebeltem Thymian	
Salz	
weißem, geschrotetem Pfeffer	würzen
25 g grünen Pfeffer (aus dem Glas)	abtropfen lassen, mit einer Gabel zerdrücken, unter die Hackfleischmasse geben, evtl. nochmals mit Salz, Pfeffer, Majoran, Thymian abschmecken.

Für die Füllung

1 Bund Petersilie	waschen, fein hacken eine Königskuchenform (Länge etwa 25 cm) mit
Butter	einfetten, die Hälfte der Hackfleischmasse hineingeben, glattstreichen, zuerst die vorbereiteten Möhren, dann die Petersilie darüber verteilen, den restlichen Fleischteig darüber geben, glattstreichen, nach Belieben auf der Teigoberfläche mit einem Messer der Länge nach eine Vertiefung eindrücken
1 EL grünen Pfeffer (aus dem Glas)	abtropfen lassen, in die Vertiefung geben, die Form auf dem Rost in den Backofen schieben
Ober-/Unterhitze	200–225 °C (vorgeheizt)
Heißluft	175–200 °C (nicht vorgeheizt)
Gas	Stufe 3–4 (vorgeheizt) von dem garen Hackbraten den herausgetretenen Fleischsaft abgießen, den Hackbraten aus der Form nehmen, in Scheiben schneiden, auf einer vorgewärmten Platte anrichten, warm stellen den Fleischsaft durch ein Sieb gießen, mit
125 ml (⅛ l) Instant-Fleischbrühe	auffüllen, auf der Kochstelle zum Kochen bringen, etwas
Weizenmehl	mit etwas
kaltem Wasser	anrühren, den aufgefüllten Bratensatz damit binden, die Sauce evtl. mit Salz, Pfeffer, Majoran, Thymian abschmecken
Bratzeit	etwa 1 Stunde.

Ratgeber

Der Einkauf

Damit Sie preisgünstig einkaufen können, sollten Sie die Inserate in den Wochenzeitungen am Wochenanfang und auch die Wurfsendungen der einzelnen Lebensmittelketten gründlich studieren. So können Sie die Sonderangebote in Ihren Speiseplan miteinbeziehen.

Haben Sie den Kochplan für eine Woche fertiggestellt, eventuell mit einem Alternativvorschlag, dann können Sie mit Ihrer Einkaufsliste einkaufen gehen. Trotzdem sollen Sie die Preisgünstigkeit der Angebotsware genau kontrollieren. Manchmal sind die in den Regalen einsortierten Waren günstiger.

Auch das Mindesthaltbarkeitsdatum sollte beachtet werden. Denn wer kauft schon gerne Lebensmittel, die zwar preiswerter, dafür aber nicht mehr genießbar sind.

Teure Waren gleicher Produktgruppen, meistens Markenartikel, werden gerne in Augenhöhe plaziert. Die preiswerteren Produkte befinden sich im Regal darunter. Sehen Sie sich deshalb auch mal die Lebensmittel in den unteren Regalen an. Sie werden so manches „Schnäppchen" machen. Schauen Sie nicht nur auf die Größe der Verpackung, sondern beachten Sie das Gewicht und den Packungsinhalt.

Aber kontrollieren Sie nicht nur die Waren, die in den Regalen liegen - achten Sie auch darauf, ob Sie die Lebensmittel, die in ihrem Einkaufwagen sind, überhaupt auf ihrer Einkaufsliste stehen haben. Denn durch die leicht beschwingende Hintergrundmusik und durch witzig gemachte Displays neigt man leicht dazu mehr zu kaufen, als man tatsächlich benötigt. Frische Lebensmittel sind am wertvollsten - sie besitzen noch ihren vollen Gehalt an Vitaminen. Achten Sie deshalb beim Einkauf auf Frische. Ob Fleisch, Gemüse oder Obst. Preiswert einkaufen heißt nicht, daß man auf Qualität verzichten sollte.

Die Vorratshaltung

Preiswerte Obst- oder Gemüsesorten finden Sie nicht nur im Supermarkt, sondern auch auf den Wochenmärkten. Dort werden oft kiloweise Obst- und Gemüsesorten zu den Haupterntezeiten preiswert angeboten.

Damit Sie die leicht verderblichen Waren lange genießen können, sollten Sie z. B. Erdbeeren oder Kirschen einkochen und einfrieren.

So können Sie an kalten Wintertagen leckere Konfitüre auf´s Brot streichen. Das gleiche gilt für herzhaft Eingelegtes. Klassische Mixed Pickles oder eingelegte Paprika mit Schafskäse werden Ihre Familie begeistern. Ebenso lohnenswert ist es, Fleisch oder Geflügel aus dem Angebot einzufrieren. Wichtig dabei ist, daß die Ware frisch ist und dann portionsweise eingefroren wird. Frischfleisch ist leicht verderblich, insbesondere Hack- und Schweinefleisch.

Und vergessen Sie nicht, das Einfrierdatum auf das Gefriergut zu schreiben, da auch gefrorene Lebensmittel nur begrenzt haltbar sind. Achten Sie darauf, daß Ihre Gefriertruhe immer eine Temperatur von –18 °C hält.

Fleisch und Geflügel kann im Durchschnitt 6 Monate, Fisch 4 Monate, Früchte 10 Monate, Gemüse 10 Monate und Fertiggerichte etwa 3 Monate in der Gefriertruhe gelagert werden. Tiefkühlkost hat nicht nur den Vorteil, daß man Lebensmittel einfrieren kann und diese jederzeit verfügbar sind, sondern das Vitamine erhalten bleiben.

Auch die Beschaffenheit der Lebensmittel bleibt weitestgehend, auch nach dem Auftauen erhalten.

Weniger zur Vorratshaltung aber zur Selbstversorgung zählt das Ziehen von Kräutern im Garten, auf dem Balkon, oder was auch jeder Nicht-Gartenbesitzer bewerkstelligen kann: das Säen von Kräutern im Blumentopf. So haben Sie nur einmal die Investition der Samen, aber das ganze Jahr hindurch frische Kräuter zur Verfügung.

Die Auswahl der Lebensmittel

Die preiswerte Küche ist eine saisonale Küche. Wenn man auch das ganze Jahr über fast alle Obst- und Gemüsesorten bekommen kann, so sind sie in der Haupterntezeit immer am günstigsten und aromatischsten.

Da hat selbst die- oder derjenige, der preisbewußt einkauft, die Qual der Wahl. Kochen Sie also deftige Kohlgerichte im Winter, schwelgen Sie im Frühjahr in zarten Möhrchen und Kohlrabi - genießen Sie die breite Palette der Sommer- und Herbstgemüse. Damit Sie auch im Winter preiswert Lauch oder Bohnen lecker zubereiten können, sollten Sie die Gemüse immer zur Hauptsaison kaufen und dann einfrieren. Auch bei der Hauptzutat vieler Gerichte, dem Fleisch, läßt sich viel Geld sparen: Verwenden Sie preisgünsitge Stücke wie Nacken, Schulter, Beinscheiben und Rippchen oder die breite Palette der Innereien. Sehr variabel einsetzbar ist auch das geschätzte Hackfleisch. Aber nicht nur Hackfleisch stellt eine preiswerte Variante dar, auch die Geflügelsorten bringen Abwechslung auf Ihren Speiseplan.

Nahrungsfette

<u>Nahrungsfette</u> haben für den menschlichen Körper zwei wichtige Funktionen:
Zum einen liefern sie Energie, die benötigt wird, um wichtige Körperfunktionen aufrecht zu erhalten.
Zum anderen gelangen mit Hilfe der Fette die fettlöslichen Vitamine A, D, E und K in den Organismus. Diese Transportfunktion kann durch keine andere Substanz übernommen werden.
Bei Nahrungsfetten wird unterschieden zwischen Fetten tierischer und pflanzlicher Herkunft. Lebenswichtige (essentielle) Stoffe, z.B. mehrfach ungesättigte Fettsäuren, die der Körper selbst nicht herstellen kann, entnimmt er vor allem aus pflanzlichen Fetten und Ölen. Nahrungsfette setzten sich aus den Bausteinen Glycerin und Fettsäuren zusammen.

Ob ein Fett nun flüssig oder fest ist, ist von dem Aufbau der Fettsäureketten sowie von dem Mischungsverhältnis der Fettsäuren abhängig.
Geben Sie deshalb zum Salat immer einen Teelöffel Pflanzenöl, z.B. von Biskin, damit Sie mit fettlöslichen Vitamine versorgt werden.
<u>Pflanzenöle</u> werden entweder sortenrein (z. B. Sonnenblumenöl oder Olivenöl) oder als Öl-Mischungen (z.B. Sonnenblumen- und Sojaöl) angeboten.
Im Unterschied zu tierischen Fetten haben Pflanzenöle den Vorteil, daß sie mehr wertvolle, mehrfach ungesättigte Fettsäuren enthalten, die für den menschlichen Körper lebensnotwendig sind.
Ob kalte oder warme Gerichte - Pflanzenöle sind fast überall einsetzbar, so z.B. bei der Zubereitung von Braten, Salaten oder kalten Saucen.
Vitamine reagieren empfindlich auf die Einwirkung von Sonnenlicht, Hitze und Sauerstoff. Deshalb sollten diese „flüssigen Pflanzenfette" immer an einem dunklen Ort aufbewahrt werden.
Feste <u>Pfanzenfette</u>, z. B. von Biskin, sind hundertprozentige Fette, das heißt in diesen Fetten ist - genauso wie in den Pflanzenölen - kein Wasser vorhanden. Diese festen gehärteten Fette sind besonders hitzestabil und eignen sich daher bestens zum Braten, Schmoren und Fritieren. Also überall dort, wo hohe Temperaturen für eine Bräunung und eine schnelle Krustenbildung erforderlich sind.
Weiße Fette sind im Gegensatz zu Schmalz und Talg geschmacksneutral. Sie erhalten und unterstreichen den Eigengeschmack der Speisen und sind hoch erhitzbar. Im Kühlschrank sind diese Pfanzenfette mindestens 6 Monate haltbar.

Inhaltsverzeichnis

Alphabetisches Register

Umwelthinweis	Dieses Buch und der Schutzumschlag wurden auf chlorfrei gebleichtem Papier gedruckt. Die Einschrumpffolie - zum Schutz vor Verschmutzung - ist aus umweltfreundlicher und recyclingfähiger PE-Folie.

Die Rezepte sind - wenn nicht anders
angegeben - für 4 Personen berechnet.
Die Lebensmittelpreise wurden im
Frühjahr 1993 ermittelt.
Unter der Bezeichnung Gehacktes ist immer
halb Schweine-, halb Rindfleisch zu verstehen.

Für die freundliche Unterstützung danken wir	CMA, Bonn Integra Communication, Hamburg Ketchum Public Relations, München Union Deutsche Lebensmittelwerke GmbH, Hamburg
Copyright	© 1993 by Ceres Verlag Rudolf August Oetker KG, Bielefeld
Redaktion	Jasmin Gromzik
Titelfoto (Foodstyling)	Fotostudio Toelle, Bielefeld Ursula Stiller, Bielefeld
Innenfotos	Herbert Maass, Hamburg Winkler Studios, Bremen
Foodstyling	Thomas Lauterbach, Hamburg
Gestaltung	Gaby Burdack, Bielefeld
Satz	TOP Publishing, Gütersloh
Reproduktion	TOP Publishing, Gütersloh
Herstellung	Druckhaus Kaufmann, Lahr

ISBN 3-7670-0339-2